Ari Timóteo dos Reis Júnior

Princípio da legalidade e conceitos jurídicos indeterminados no Direito Tributário

livraria
DO ADVOGADO
editora

Porto Alegre, 2024

Capa, projeto gráfico e diagramação:
Livraria do Advogado Editora

Revisão:
Rosane Marques Borba

Imagens da capa:
br.freepik.com/vetores-gratis/abstrato

Comércio de Livros dos Advogados Ltda.
Livraria do Advogado Editora
Rua Riachuelo, 1334 s/104
90010-273 Porto Alegre RS
Fone: (51) 3225-3311
livraria@doadvogado.com.br
www.livrariadoadvogado.com.br

Impresso no Brasil / Printed in Brazil

Princípio da legalidade e conceitos jurídicos indeterminados no Direito Tributário

Dados Internacionais de Catalogação na Publicação (CIP)

R375p Reis Júnior, Ari Timóteo dos.

Princípio da legalidade e conceitos jurídicos indeterminados no direito tributário / Ary Timóteo dos Reis Júnior. – Porto Alegre : Livraria do Advogado, 2024.

114 p. ; 23 cm.

Inclui bibliografia.

ISBN 978-65-86017-99-1

1. Direito tributário - Princípios. 2. Legalidade tributária. 3. Direito tributário - Conceitos jurídicos indeterminados. I. Título.

CDU 34:336.2

Índice para catálogo sistemático:

1. Direito tributário : Princípios 34:336.2

(Bibliotecária responsável: Sabrina Leal Araujo – CRB 8/10213)

Ao meu filho Bernardo,
pelo tempo subtraído ao nosso convívio
pelas pesquisas que resultaram neste livro.

Apresentação

A matéria dos *conceitos indeterminados* no direito administrativo e no direito tributário continua no centro das atenções da doutrina e da jurisprudência, tanto no Brasil como nos demais sistemas jurídicos marcados pelas exigências de Estado de direito democrático. Por um lado, o imperativo de *tutela jurisdicional efetiva* e, por outro, as *garantias jurisdicionais* dos cidadãos, para além dos imperativos de *justiça material*, de *boa gestão* da coisa pública e de satisfação do *interesse público* exigem, no caso concreto, um controlo jurisdicional tão intenso quanto possível. Na atual fase dos reconhecimentos científicos, esta conclusão não deve suscitar dúvida científica, especialmente no domínio do direito tributário, área típica da Administração de ingerência, toda ela dominada pela reserva de lei. Apesar de tudo, são ainda muitas as questões concretas que os conceitos indeterminados suscitam nos direitos administrativo e tributário, todas elas com significativas implicações teóricas e práticas. Por essas razões, continuam a justificar-se mais investigações nesta complexa área jurídica.

Nesta obra, o Mestre *Ari Timóteo dos Reis Júnior* presenteia-nos com uma exposição e reflexão de envergadura sobre os "Conceitos jurídicos indeterminados no direito tributário", trabalho profundo e merecedor da atenção da doutrina e da jurisprudência, para além de estudantes e práticos da Administração tributária. A análise jurídico-comparada é transversal às diferentes correntes de opinião e, desde logo por isso, merecedora de leitura e reflexão.

Foi para nós um gosto orientar, na Faculdade de Direito da Universidade do Porto, esta investigação, tal como é um prazer satisfazer o convite do Autor para apresentá-la aos leitores, pela sua abrangência e riqueza do seu conteúdo. O leitor dará, seguramente, por bem empregue o tempo que dedicará às reflexões constantes do presente texto, que o auxiliarão a formar e a alicerçar as suas próprias convicções.

A todos, o meu bem-haja!

Porto, dezembro de 2023.

António Francisco de Sousa

Professor da Faculdade de Direito da
Universidade do Porto/Portugal

Prefácio

É com grande honra que apresento este prefácio para a obra "Princípio da legalidade e conceitos jurídicos indeterminados no Direito Tributário", de autoria do colega Procurador *Ari Timoteo dos Reis Júnior*, que sintetiza a pesquisa realizada durante seu mestrado em Ciências Jurídico-Políticas, na Universidade do Porto, entre 2021 e 2022, e que se propõe a investigar as nuances existentes entre o princípio da legalidade e a compreensão de conceitos jurídicos indeterminados na seara do Direito Tributário.

Para discutir tema tão instigante, *Ari* aborda com minúcia e profundidade os temas da segurança jurídica e da justiça fiscal, discorrendo sobre a interação entre a capacidade contributiva e a justiça fiscal com o princípio da legalidade à luz da redução das desigualdades e a garantia de uma vida digna para todos, tendo como norte a noção de Estado Democrático de Direito.

Não é corriqueiro na seara tributária o enfoque acadêmico dado ao argumento de que o Estado fiscal não deve ser visto como um vilão na relação com o cidadão, mas como um facilitador na promoção de direitos fundamentais, essenciais para a construção de uma sociedade mais justa e solidária.

Nesse aspecto, chamo especial atenção à análise feita na obra a respeito do histórico e dos fundamentos da legalidade tributária, bem como à instigante e densa crítica apresentada à teoria da tipicidade fechada de *Alberto Xavier*, que, pela ousadia e profundidade, já valem a leitura da obra.

Mas *Ari* vai além. Em seu texto, dedica um segmento específico a uma abordagem de direito comparado, fazendo jus a cada dia de sua passagem em terras europeias, ao proporcionar uma visão particularmente enriquecedora a respeito das soluções adotadas em diferentes sistemas jurídicos para a tensão subjacente à noção de legalidade em face de conceitos jurídicos indeterminados.

Para os tributaristas brasileiros, cada vez mais exauridos com um cenário de litigiosidade disseminada em torno dessa temática, olhar para além das nossas fronteiras nacionais é um exercício sempre inspirador e, nesse exercício, o livro se coloca como um verdadeiro manual de instruções ao propor caminhos para que consigamos entender como os conceitos jurídicos indeterminados operam na prática e impactam o Direito Tributário contemporâneo.

Sempre tendo em conta a realidade de um ambiente tributário cada vez mais complexo e dinâmico, o livro aborda a história e os fundamentos da legalidade tributária e se aprofunda na complexidade e nas nuances dos conceitos jurídicos indeterminados, sempre tendo como premissa a aptidão que o Direito Tributário possui de, como quase nenhum outro, moldar o futuro da nossa sociedade e capacitá-la ao cumprimento das promessas estabelecidas na ordem constitucional.

Para não incorrer no equívoco de antecipar as conclusões do livro, encerro este breve prefácio reforçando o convite de todos à leitura da moderna mensagem de equilíbrio trazida pelo colega *Ari* acerca do princípio da segurança jurídica e das noções de justiça social e igualdade aplicadas à interpretação e aplicação das normas tributárias.

Brasília/DF, dezembro de 2023.

Anelize Lenzi Ruas de Almeida

Procuradora-Geral da Fazenda Nacional

Nota do autor

O presente livro resulta do período de pesquisas na querida Faculdade de Direito da Universidade do Porto/Portugal, mas não só, resulta também da experiência de mais de 15 anos como Procurador da Fazenda Nacional e da inquietude intelectual que desde sempre me assombrou: por que há tanta discussão sobre o Direito, sobre o que ele exige ou não exige, tantos debates, discussões? No Direito Tributário, esse aspecto adquire especial singularidade diante da necessária planificação empresarial e justifica-se com especial relevo da litigiosidade em matéria tributária.

O Direito é teoria, mas também é prática, e acredito ser mais prática do que teoria. Seja como for, trago comigo uma a lição de que a teoria sem prática é cega, mas a prática sem a teoria é vã, apenas um jogo da mente. É uma premissa que me ajuda muito no percurso acadêmico e profissional, que sempre cuidei de tratar com todo esmero.

Uma das questões mais intrigantes é que o apego de nossa cultora jurídica romano-germânica pode atualmente se dar conta de que os textos legais, outrora fonte absoluta e suficiente de direitos, são na realidade envoltos em muitas indeterminações. Esse aspecto textual está fora de dúvidas. Frustrante?! Que bom que o Direito não é apenas o texto normativo editado pelo Poder Legislativo!

Uma das figuras mais eminentes dessa "indeterminação" (e, aqui, destaco as aspas), são os chamados conceitos legais indeterminados, sempre presentes no ordenamento jurídico, seja ele qual for, em qualquer ramo que se esteja tratando. O mestrado em ciências jurídico-políticas propiciou-me abordar o assunto sob a orientação do professor doutor *António Francisco de Sousa*, estudioso do assunto desde os idos dos anos oitenta, desde sua preciosa tese *Das Ermessen der Verwaltungsbehorde im Europiiischen Kontinentalsystem* – Freiburg/RFA/1986 e diversas outras que se seguiram.

O presente trabalho se ocupa em analisar os conceitos legais indeterminados no Direito Tributário, especialmente sob a ótica do princípio da legalidade fiscal. Pretende-se, em um primeiro momento, tratar dos elementos essenciais da legalidade tributária, desnudando a reserva legal tributária e sua compatibilidade com os conceitos jurídicos indeterminados, perquirindo se existiriam limites para a indeterminação legislativa. Em seguida, a conclusão acerca da possibilidade ou impossibilidade dessa técnica legislativa será colocada na perspectiva de sua aplicação aos casos concretos, para compreender como deve ser o papel da administração fiscal e do Poder Judiciário nos casos de instituição de tributos mediante conceitos jurídicos indeterminados. Ao final, traçam-se as premissas que se adequam ao enfrentamento do problema no contexto de uma sociedade altamente complexa e mutável, em que a fiscalidade é massificada e na qual o Estado se vê na contingência de se adequar ao perfil de uma sociedade de risco.

Certamente, o tema não foi e nem poderia ser exaurido. Tampouco pretendo ser o "dono da verdade". Da minha humilde posição, já me dou por satisfeito por lançar luzes, chamar a atenção para o tema.

Desejo-lhe uma ótima leitura e boas reflexões, meu caro leitor!

Montes Claros/MG, dezembro de 2023.

Ari Timóteo dos Reis Júnior

Sumário

Introdução

Os grandes debates de Direito Tributário transitam pelos seus dois pilares fundamentais, quais sejam, a segurança jurídica e a justiça fiscal. Do primeiro, decorrem a proteção à confiança, a anterioridade, a irretroatividade, assuntos de legalidade e atrelados à necessidade de planificação econômica dos contribuintes. O segundo traz as necessidades sociais para a discussão, a igualdade, o dever de solidariedade, a capacidade contributiva, as quais irão tender à necessidade de se tributar as manifestações de riqueza na medida dessa riqueza na sociedade, compelindo a que se adotem medidas a evitar lacunas, espaços vazios de tributação que prejudicam o dever fundamental de pagar impostos.

Os conceitos jurídicos indeterminados entram em cena quando a fiscalidade atinge determinada complexidade, diante das mais variadas formas econômicas e da velocidade de transformações que não permitem que conceitos fixos arraigados na cultura jurídica sejam aplicados por uma pretensa "subsunção-lógica" que afaste subjetivismos. Contra eles não faltam aqueles que chamam pelo princípio da legalidade como um escudo intransponível em face do Estado-arrecadador, um Estado inimigo das liberdades, que merece ser contido pela lei, expressão da vontade popular, que somente autorizaria a tributação pelo consentimento dos próprios tributados. Vozes não se calam ante a investida fiscal, falam alto e em bom som: democracia! Uma compreensão de democracia ligada à autotributação, uma democracia que exige que o Estado-arrecadador somente busque de seus patrimônios privados aquilo que, pela lei, eles próprios consentiram, por isso a lei deveria ser precisa, determinada, sem vagueza, aplicável mecanicamente sem qualquer liberdade. Mas será que é assim mesmo?

O estudo pretende analisar a legalidade e os conceitos indeterminados no âmbito tributário, trazendo para o momento atual, de uma sociedade massificada e altamente complexa em que "a lei será julgada", mas será julgada pelas suas forças, ou seja, será julgado se a lei é tão onipotente assim que daria conta das necessidades da sociedade contemporânea. Em que medida a lei pode ser o veículo que fundamenta o dever tributário de pagar impostos? Em que medida os conceitos indeterminados podem ser insertos na lei tributária? O que a indeterminação daí decorrente provoca na lei, nos destinatários dessa lei, na administração responsável pela aplicação dessa lei e no Judiciário quando for chamado a apreciar tudo o que aconteceu?

São essas as perguntas motivadoras, que serão tratadas sem exaustão, dado o oceano em que nos embrenhamos, no qual esperamos encontrar algo, nem que no horizonte, de "terra firme".

Capítulo 1

Legalidade e conceitos jurídicos indeterminados no Direito Tributário

Quando se fala em conceitos jurídicos indeterminados no Direito Tributário, entra-se no âmbito de discussões acerca do papel que o princípio da legalidade deve ter nesse específico ramo do Direito. Trata-se, portanto, de uma questão sobre o papel da lei, sobre suas funções, seus limites e as necessidades que ela é chamada a atender na seara fiscal; uma questão complexa, também controversa, cujo desfecho conforma a própria ideia que queremos de segurança jurídica do contribuinte e que traduz as exigências de justiça do sistema tributário que um Estado Democrático de Direito visa a atender.

Nesse capítulo, o objetivo é desnudar a reserva legal tributária, o que permitirá aferir sua compatibilidade com os conceitos jurídicos indeterminados, perpassando pelo enfrentamento das questões relativas aos fundamentos da legalidade tributária, noções de tipicidade, tipo, *Tatbestand,* determinação da lei, praticabilidade tributária e dever fundamental de pagar tributos. A (im)possibilidade dos conceitos jurídicos indeterminados no Direito Tributário, objeto deste capítulo, resulta da respostas a estes temas, ao mesmo tempo em que deles também depende sua adequada compreensão.

1.1. Histórico e fundamentos da legalidade tributária

O Direito Tributário registra, ao longo de sua história, uma luta indormida dos povos para submeter o poder dos governantes ao princípio da legalidade, sendo mesmo anterior ao Estado de Direito.[1] Outrora o *jus tributandi* fora absoluto, hoje, repete-se por todas as partes *nullum tributum sine lege,* como resultado da consciência jurídica atual,

[1] Nesse sentido: SCHOUERI, Luís Eduardo. *Direito Tributário.* 12ª ed. São Paulo: Saraiva, 2023. *E-book*, cap. VII, item 2.

em que Estado de Direito e legalidade na tributação são amalgamados, contrários ao arbítrio.

O princípio da legalidade teve sua origem histórica na ideia de consentimento dos impostos por parte dos contribuintes,[2] sendo que, a partir do séc. XI, passa a se enraizar nos povos europeus a ideia de que os impostos, por afetarem a liberdade pessoal, não deviam ser cobrados sem que tivessem sido criados com o consentimento dos seus destinatários.

Comumente, a *Magna Carta* inglesa de 1215[3] é referida como marco histórico dessa dimensão do constitucionalismo, documento através do qual a nobreza impõe limites ao poder real de tributar, sendo que o sistema tributário inglês se pauta pela estrita legalidade desde a Revolução Gloriosa de 1689, quando o *Bill of Rights* assegurou que os tributos só poderiam ser exigidos mediante ato do Parlamento.[4] A *Magna Carta* é associada à ideia de autoconsentimento dos contribuintes, sendo gérmen do princípio da legalidade tributária, embora a ideia de *Commune Consilium Regis* não fosse propriamente a de um corpo legislativo, mas a de um tribunal.[5] [6]

---

[2] XAVIER, Alberto. *Conceito e natureza do acto tributário*, 1972, p. 277.

[3] O art. XII previu que "no scutage ora id shall be imposed on our Kingdom unless by the common counsel of our Kingdom". Entretanto, tal documento mais não fez do que consagrar uma regra que, mercê de uma prática reiterada, já se tinha consuetudinariamente imposto, sendo necessário reafirmá-la, escrevendo-a. A respeito da Inglaterra, sublinhe-se que a consagração da legalidade tributária se deu de forma gradual e contínua, a partir de uma tradição consuetudinária que tem em referido documento o marco mais importante, ao lado da *Petition of Rights (1628)* e do *Bill of Rights (1689)*, ao contrário dos demais países europeus, cujos momentos de absolutismo (sécs. XVII e XVIII) suprimiram a ideia, que só retomaria com as revoluções liberais. A despeito de traduzir numa afirmação oligarca da nobreza sobre o rei, a declaração coroou simbolicamente a luta dos contribuintes contra o arbítrio do poder de tributar, muito antes, historicamente, da consolidação do princípio da legalidade como decorrência da soberania popular pós a revolução francesa.

[4] CASTELLO, Melissa Guimarães."Conceitos jurídicos indeterminados em matéria tributária e o dever de fundamentação das decisões judiciais". In: *Revista de Direito Tributário Contemporâneo*. v. 21, São Paulo: RT, 2019, p. 15-35.

[5] Ressalte-se que a autorização estamental das Cortes medievais para cobrança de tributos pode ser encontrada mais remotamente na Espanha e em Portugal. Na Espanha, as Cortes nasceram antes da unificação dos reinos católicos, sem muitas atribuições financeiras, limitando-se a deliberar sobre a cobrança de novas receitas para custear despesas extraordinárias da Coroa, como guerras e outras circunstâncias anormais. Com o crescimento dessas despesas com as guerras contra os mouros para Reconquista, nasce a consciência da necessidade de autorização para a exigência tributária, já a partir do séc. XI. Registro importante é o pedido de subsídio extraordinário por Afonso VI, em 1091, dirigido aos habitantes de Leão, requerendo a cobrança de tributos; entretanto, tal prática não se repetiu com frequência, somente havendo indícios seguros de *petitio* durante os reinados de Sancho III, de Castilla, e Fernando II, de León (SCHOUERI, 2023, p. 865). Em Portugal, a autorização para cobrança de tributos se dá com as Cortes de Coimbra, em 1261. Não obstante o pioneirismo ibérico, restou suprimida durante o absolutismo, sendo restaurado somente após as revoluções liberais.

Como assinala *Casalta Nabais*, a ideia de autotributação medieval tem um sentido e um alcance bem diferentes dos do atual princípio da legalidade fiscal, mesmo que se aceite continuar este, de algum modo, a reconduzir-se àquela ideia.[7] O consentimento estamental consubstanciava algo de natureza eminentemente contratual[8] entre a Coroa ou o Rei (que mais do que um órgão do poder ou do "estado", era sobretudo um titular de direito e deveres ou de privilégios de natureza jurídico-privadas) e as Cortes (Estados Gerais, Ländstände, etc.) representativas dos grupos e comunidades estamentais (corporações, municípios etc.) que, por sua vez, agiam com base em um mandato imperativo de cariz contratual que as vinculavam com rigor sobre o que votar e como deveriam fazê-lo, de modo que, ao definir sobre o teor do mandato de seus representantes, os contribuintes estavam como que votando *ex ante* os impostos, concretizando a ideia de uma real autotributação por determinado período. Esse era o sentido do autoconsentimento da época, oriundo da ideia de que cada contribuinte autorizaria o tributo dele cobrado, sendo fácil perceber sua exclusiva função garantística.

No Estado Moderno, o princípio da legalidade tributária não se fundamenta nessa acepção de consentimento,[9] porque os representantes eleitos têm mandato livre, podendo votar de acordo com sua consciência e nos interesses da nação, e não como desejam seus representados. A autorização legal, por meio de lei, sustenta-se na vontade geral, e não mais na vontade dos representados segundo a perspectiva

---

[6] *Schoueri* aponta que "Adams localiza o Edito de Paris, do ano de 614, já refletindo o mesmo princípio. Aquele foi um tratado entre reis rivais no reino dos Francos, que se estendia pela maior parte setentrional da Europa, cobrindo França, Países Baixos e Alemanha. Houve uma grande assembleia que resultou no referido Edito, segundo o qual 'em qualquer lugar onde um novo tributo tenha sido dolosamente introduzido e incitado o povo à resistência, o assunto será investigado e o tributo bondosamente abolido', ali se identificando a proibição contra um tributo inaudito (*exactio inaudita*)." (ob. cit., 2023, p. 865).

[7] O *dever fundamental de pagar impostos*. Coimbra: Almedina, 2015, p. 325. No mesmo sentido: RIBEIRO, Ricardo Lodi. *A segurança jurídica do contribuinte*, 2023, p. 98.

[8] A Magna Carta inglesa de 1215, conquanto formalmente se apresente como uma declaração de direitos, na verdade, materialmente não passa de um contrato entre João Sem Terra e os barões e cavaleiros ingleses.

[9] "O princípio da legalidade no Estado-de-Direito não é já, pois, mera emanação de uma ideia de auto-tributação, de livre consentimento dos impostos, antes passa a ser encarado por uma nova perspectiva, segundo a qual a lei formal é a única forma possível de expressão da justiça material. Dito por outras palavras: o princípio da legalidade tributária é o instrumento- único válido para o Estado-de-Direito- de revelação e garantia da justiça tributária." e, também que "passou a revestir no Estado-de-Direito a função de garantia da separação de poderes, pressuposto da realização da justiça e da segurança jurídica em matéria de impostos." (XAVIER, Alberto. *Conceito e natureza do acto tributário*, 1972, p. 280 e 311).

medieval,[10] de modo que os impostos não são mais consentidos, mas estabelecidos por lei votada pela representação nacional. Ao mesmo tempo, a lei é erigida à lei-*ratio*, vista como omnipotente e completa e que, diante de sua generalidade e abstração, asseguraria o direito justo, expressão do bem comum e suficiente por si, de modo que à administração caberia apenas a tarefa subsuntiva, já que a legalidade reuniria tanto o papel de limite formal (exigência de procedimento/forma) como material (respeito aos direitos e à justiça) da tributação.

Com advento do Estado Social o distanciamento da ideia de autotributação medieval fica ainda mais claro, pois perde o sentido a noção de separação rígida entre Estado e a sociedade, pela qual a lei serviria de escudo do espaço individual frente ao Estado mínimo, eis que a lei passa a ser instrumento da ação interventora e conformadora da sociedade na busca pela justiça social. O tributo não mais é uma simples fonte de receita para o Estado, sendo utilizado como instrumento de realização de justiça; vale-se do princípio da capacidade contributiva como meio de onerar aqueles economicamente mais favorecidos, gerando receita para atuação estatal na área social. Dessa forma, a igualdade no tratamento tributário deixa de ser meramente formal, passando a ser material, sendo essa a característica marcante do Estado social.[11] Afinal, o poder de tributar revela-se como instrumento ímpar de viabilidade do Estado social, pois é o Estado fiscal[12]

[10] Segundo a doutrina "os impostos já não são, em rigor, consentidos pelos contribuintes, mas sim estabelecidos por lei votada pela representação nacional (*rectius* burguesia). Assim, atenta a natureza livre do mandato dos parlamentares e o caráter permanente da lei de imposto, o consentimento expresso está longe de ter o mesmo alcance do traduzido na autotributação estamental". (NABAIS, José Casalta. *O dever fundamental de pagar impostos*, 2015, p. 328)

[11] Nesse sentido: REIS, Elcio Fonseca. "O Estado Democrático de direito: tipicidade tributária, conceitos indeterminados e segurança jurídica", 2000, p. 157/168.

[12] Sobre o Estado fiscal, Mendes ensina que "o Estado de Direito contemporâneo constitui um Estado Fiscal, que não se alimenta do seu próprio património mas dos impostos que lança sobre a população. A afirmação do Estado Fiscal representa por isso o abandono do Estado Dominial da tradição, financiado pela exploração das suas terras, portos e rotas comerciais. E representa também a recusa de um Estado Industrial, este mais moderno, que se financiasse com os lucros de instalações fabris e empresas públicas, como se chegou a teorizar no início do século XX. A noção do Estado Fiscal postula a renúncia às finanças patrimoniais da pré-modernidade mas postula igualmente a renúncia a uma economia dominada pela intervenção pública, garantido que a iniciativa económica é reservada no essencial aos particulares e que é sobretudo da riqueza que estes produzem que o Estado subsidiariamente se alimenta." (ALMEIDA, Miguel Real. "O princípio da legalidade fiscal como critério orientador da garantia dos contribuintes". In: ALMEIDA, Daniel Freire e; GOMES, Fabio Luiz; CATARINO, João Ricardo (orgs.). *Garantias dos Contribuintes no Sistema Tributário: Homenagem a Diogo Leite de Campos*. São Paulo: Saraiva, 2013. *E-book*, p. 1.071)

que é chamado a pagar a conta do Estado social, sendo sua condição necessária.[13]

Nesse contexto, a ideia de lei-*ratio* esmaece sob a constatação de um sentido político subjacente à lei, resultante da democracia de partidos, da expressão de interesses particulares que lograram êxito em prevalecer no espaço político (ainda que, via de regra, represente os interesses majoritários)[14] e da sua concepção enquanto instrumento de programa político do Estado. Logo, a lei já não é mais assim tão omnipotente, nem assegura, por si só e *a priori*, a justiça.[15] Assim, se o consentimento não ampara a lei tributária, então, qual fundamento da legalidade tributária nos dias atuais?

Xavier[16] diz que a regra, originariamente expressão do livre consentimento dos tributos pelos povos, passou a revestir no Estado de Direito a função de garantia da separação de Poderes, pressuposto da realização da justiça e da segurança jurídica em matéria tributária. Para *Dourado*,[17] a reserva de lei parlamentar é justificada através de preocupações garantísticas, da função parlamentar de orientação política e

---

[13] Como referido por *Papier*: "Sin embargo, el poder tributario estatal no sólo es condición necesaria para la garantia de las libertades económicamente relevantes; constituye también un presupuesto irrenunciable del cumplimiento por el Estado del mandato constitucional de estabelecer un Estado social." (arts. 20.1 y 28.1 GG). El poder tributario constituye una conexión básica entre Estado de Derecho y Estado social" (PAPIER, Juan Jorge. *Manual de derecho costitucional*, 1996, p. 605)

[14] O pluralismo político leva à heterogeneidade de valores e interesses expressos na lei, ensejando a sua contratualização, marcado pela ocasionalidade, e integrado por vários sujeitos sociais particulares, como partidos, sindicatos, grupos de pressão. Essa ocasionalidade é a perfeita contradição da visão racional da lei, base da generalidade e abstração, que passa a justificar a consideração da lei diante do jogo das relações de poder.

[15] Para *Casalta Nabais*, nesse contexto "é fácil concluir que o princípio da legalidade fiscal deixou de constituir garantia de produção de um direito fiscal justo decorrente do consentimento dos contribuintes" (ob. cit. p. 339) *Ribeiro* menciona esse processo de perda do prestígio da lei, em que a legalidade deixou de ser, por si só, uma garantia de um Direito justo porque: (a) a lei deixou de ser o único fundamento para o agir administrativo, existindo ao seu lado a constituição, o direito comunitário e o direito internacional; (b) a lei não estaria acima de qualquer suspeita, já que pode violar direitos fundamentais, especialmente os da minorias; (c) o Poder Executivo não precisa mais ser visto como inimigo das liberdades, pois possui legitimidade democrática; (d) a constituição confere um espaço de autonomia administrativa; (e) o governo teria melhores condições técnicas para realização do Direito. (*A segurança jurídica do contribuinte*, 2023, p. 83/84)

[16] XAVIER, Alberto. *Conceito e natureza jurídica do acto tributário*, 1972, p. 311.

[17] Manifestação desse princípio democrático é o procedimento legislativo parlamentar, que permite a discussão pública da lei e a contribuição da oposição. A reserva de lei parlamentar se justificaria porque só o procedimento legislativo parlamentar tem virtudes específicas intrínsecas (tais como processo de criação legislativa público, procedimento sujeito ao contraditório público com participação das minorias etc.). Por sua vez, a orientação política pressupõe que as assembleias eleitas é que formam os juízos, os aprovam e os veem seguidos pelos tribunais, sob pena de arbitrariedade caracterizada quando as decisões não puderem ser justificadas com base na razão de ser da lei. Cf. DOURADO, Ana Paula. *O princípio da legalidade fiscal*, 2019, p. 75/84.

do princípio democrático. *Casalta Nabais*[18] reconhece que a legalidade fiscal se alterou, possuindo várias funções atualmente (direção política, reequilíbrio dos Poderes, compensação e centralização de decisão), mas que também permanece sua função garantística, que fundamenta uma reserva de lei parlamentar concernente aos elementos essenciais dos impostos. *Ribeiro*[19] entende que o fundamento da legalidade é o pluralismo político parlamentar, que garante a democratização do procedimento de imposição de normas de repartição tributária e um pluralismo na definição dos critérios que irão presidir a divisão dos encargos sociais/fiscais para cada segmento da sociedade.

O Direito Tributário não deve mais ser enxergado como uma relação vertical fisco-contribuinte, que toma o Estado como opressor das liberdades e entende os interesses de todos os contribuintes como contrapostos ao do Estado, mas como uma relação horizontal[20] entre todos os contribuintes de uma dada sociedade que buscam a justiça fiscal, porque é marcado pela ambivalência[21] em um contexto no qual o Estado Social passou a ter o papel de promotor dos direitos fundamentais e da justiça social. Essa ambivalência significa que o atendimento de uns implica o não atendimento de outros, e a legalidade tributária serve como instrumento para definição de critérios para divisão dos encargos e benefícios em um ambiente de pluralismo político. Assim, a legalidade tributária não deve ser mais entendida apenas numa perspectiva individualista, muitas vezes apoiada em argumentos históricos de limitação à imposição de impostos quem vem desde

[18] Enquanto expressão da direção política da comunidade, de impulso ou propulsão da ação administrativa, e não apenas numa perspectiva negativa de limitação da atuação do Estado; contrabalançar o Poder Legislativo pelo poder fático e técnico da administração; compensar a impossibilidade de, no Direito Tributário, proceder-se ao teste de proporcionalidade nos termos em que admitem os direitos fundamentais e assegurar uma decisão centralizada sobre tributos. Cf. NABAIS, José Casalta. *O dever fundamental de pagar impostos*, 2015, p. 341/343.

[19] A instituição de tributo é feita por um órgão marcado pelo pluralismo, influenciado pela razão comunicativa, a partir de uma solução compromissória entre seus destinatários que atenda a diversidade dos vários segmentos sociais e à ambivalência quanto aos critérios de repartição de riscos e benefícios sociais. No Legislativo estão presentes todas as correntes de pensamento, e não apenas a vencedora das eleições majoritárias que elegem o governo. Ademais, o Poder Executivo, como responsável pela implementação de políticas públicas que necessitam de recursos, tem maior tendência arrecadatória, pois é natural que se esforce por maiores recursos disponíveis. (*A segurança jurídica do contribuinte*, 2023, p. 98/102 e ss. e, especialmente, p. 167)

[20] "Na sociedade de risco, sendo a relação fisco-contribuinte dotada de uma feição horizontal, em que os interesses de um segmento social se contrapõem muito mais aos interesses de outro grupo do que ao do Estado, é essencial que a decisão sobre a partilha dos ônus e riscos sociais seja negociada em assembléia, a fim de obter uma solução consensual e que seja justificada racionalmente ante a opinião pública". (RIBEIRO, Ricardo Lodi. *A segurança jurídica do contribuinte*, 2023, p. 189)

[21] Por exemplo, o não pagamento de tributo por alguém que revele capacidade contributiva, vai gerar, mais cedo ou mais tarde, a necessidade de o Estado negar prestações positivas a outro cidadão, ou, o que é mais frequente, a imposição tributária a quem não revela capacidade contributiva.

a Magna Carta de 1215, senão também pelos valores constitucionais e papeis que ela deve cumprir.

Cumpre ao legislador identificar manifestação de riqueza, suscetível de ser objeto da tributação, sem nunca perder de vista a quantificação do quinhão que cada contribuinte deve arcar no custeio das despesas públicas. Um sistema jurídico que promova a reaproximação entre segurança jurídica e justiça vai buscar uma regra de imposição tributária editada nesses termos e, nesse ambiente, o Direito Tributário se aproxima da moral e da ética, seja em relação às práticas do Estado, do legislador, administrador, ou do próprio contribuinte. Para esse desiderato, a certeza da aplicação da norma a todos os destinatários é essencial, é o que garante o império da lei, o que garante o triunfo da justiça sobre a economia, e, para tanto, a regra deve-se sobrepor aos interesses dos grandes contribuintes, dotados de sofisticados estratagemas para afastamento de tributos.

Desse modo, parece que o principal fundamento da legalidade tributária está em duas faces. A primeira em garantir o contribuinte contra arbitrariedades, sendo esse mesmo o maior espectro ínsito ao Estado de Direito, sendo a lei utilizada como instrumento para se afastar o voluntarismo/subjetivismo das autoridades estatais. Onde há lei, afasta-se o arbítrio da submissão do patrimônio e da liberdade do contribuinte do bel-prazer dos governantes e das autoridades administrativas tributárias, pelo necessário seguimento da razão jurídica que ela representa. A lei confere sim uma razão jurídica para decisão sobre quem e quanto se deve pagar de tributo. O segundo aspecto reside em se atribuir legitimidade democrática à imposição tributária, mas não no sentido de "autoconsentimento", mas de submissão de todos ao ordenamento jurídico que necessariamente terá que sofrer influxo de valores materiais de justiça hauridos na Constituição. Esses aspectos fazem com que seja depositada na lei a missão de instituir tributos, decorrente do pluralismo na eleição dos fatos-signos presuntivos de riqueza que ao mesmo tempo se submetem à Constituição, abrindo-se à justiça.

1.2. O *Tatbestand* de garantia e a teoria da tipicidade fechada de Alberto Xavier

O *Tatbestand* é introduzido no Direito Tributário alemão por *Albert Hensel*[22] nos anos vinte do século passado, ao defender que os

---

[22] HENSEL, Albert. *Steurrecht*. 1ª ed. Berlim, 1924. O termo já aparece na 1ª edição de seu manual de Direito Fiscal. Hensel introduz no Direito Tributário um *Tatbestand* de garantia, relacionado à exigência de reserva de lei para os elementos essenciais do imposto, de modo a configurar a

requisitos para cobrança dos impostos deveriam constar, em regra, da lei, desenvolvendo o princípio da tipicidade e relacionando-o com o princípio da legalidade, constituindo um elemento estrutural caracterizador do Direito Tributário no Estado de Direito. Segundo o autor, o *Tatbestand* é a imagem abstrata de um concreto estado de coisas de cuja realização derivam consequências jurídicas. Como se observa, *Hensel* o colocou no centro da relação jurídico-tributária, embora não prescindisse do papel dos conceitos jurídicos indeterminados. Em Portugal, a concepção chegaria quase cinquenta anos depois, com a tese de Alberto *Xavier*,[23] embora com nuances diferentes,[24] e de lá veio ao Brasil.[25]

O *Tatbestand* ou *fatispecie*, em português às vezes traduzido por "factualidade típica" ou impropriamente por "tipo", é uma categoria dogmática que representa um "modelo de fato", sendo que no âmbito tributário contém a descrição do imposto em suas notas típicas, nos seus elementos caracterizadores, estando ligado a uma "abstração generalizadora", a um "fato imaginado para servir de paradigma". *Dourado* a ele se refere como "roupagem jurídica de uma situação econômica que o legislador considerou valer a pena tributar".[26] Por vezes é utilizado como sinônimo de "fato gerador", "suporte fático", "*hecho imponible*" ou "hipótese de incidência",[27] conquanto para nós alcance tanto a previsão quanto a estatuição da norma,[28] podendo, no

obrigação tributária como obrigação jurídica e não mais como uma relação de poder. Entretanto, ainda assim, apontando uma crise do tradicional conceito de legalidade, admite margens de conformação administrativa que, conquanto hesitasse em reconhecer enquanto causuísticamente referente à casos individuais, poderia ser exercida por regulamentos e atos pararregulamentares tipificantes. A perspectiva seguida é de que ou os conceitos indeterminados são aplicados ao caso individual, ponderando as suas particularidades, ou são tipificados, de formam que a norma seja novamente aplicável a um grupo de casos. É esta última opção que Hensel defende, considerando como distintos os conceitos indeterminados e a discricionariedade. Cf. DOURADO, Ana Paula. *O princípio da legalidade fiscal*, 2019, p. 225/291 e 405/423, especialmente nota de rodapé nº 1.238 da p. 421.

[23] XAVIER, Alberto. *Conceito e natureza do acto tributário.* Coimbra: 1972.

[24] Em *Hensel*, a construção de *Tatbestand* de garantia é atenuada por sua própria flexibilização quando o autor reconhece a crise do tradicional princípio da legalidade e aceita os amplos poderes conformadores da administração, atribuídos por autorização legislativa quer aos regulamentos, quer aos atos tributários em sentido amplo. Cf. nesse sentido: DOURADO, Ana Paula. *O princípio da legalidade fiscal*, 2019, p. 264. Por outro lado, em *Xavier* o conceito é fechado.

[25] ROCHA, Sergio André. "A origem do princípio da tipicidade no direito tributário brasileiro". In: *Revista Direito Tributário Atual*, nº 50, ano 40, p. 339-339, são Paulo: IBDT, 1ª quadrimestre, 2022.

[26] *O princípio da legalidade fiscal*, 2019, p. 378.

[27] BECKER, Alfredo Augusto. *Teoria geral do direito tributário*, 1972, p. 288/290, que destaca que essa figura dogmática não é exclusividade do Direito Tributário ou Penal, mas de toda e qualquer regra jurídica.

[28] Registre-se, porém, que na doutrina encontramos autores que separam o *Tatbestand* como previsão da norma, de *Rechsfolge* como o consequente dela.

Brasil, ser relacionado também, em certa medida, é claro, com a figura da regra-matriz de incidência.[29] No que é mais importante em se dizer, o *Tatbestand* é o arquétipo do imposto, abrangendo hipótese e consequente, devendo ser ressaltada principalmente a sua função garantística (*Tatbestand* legal ou de garantia[30]), sendo resultado da reserva de lei, ao tempo que serve de instrumento que permite delimitar o alcance dessa reserva de lei e as exigências de determinação face ao ordenamento jurídico.[31]

Trata-se de um conceito que não é muito trabalhado no Direito Constitucional ou Administrativo, mas que é utilizado na disciplina fiscal, em conjunto com a tipicidade, ambos relacionados à concretização da reserva de lei e, deste modo, implicados na afirmação da imposição tributária como relação jurídica, e não como relação de poder. Apesar das diferentes funções, ele desenvolve-se na literatura e na jurisprudência sempre relacionado a essa ótica de legalidade, sendo identificado como um elemento estrutural caracterizador de um Direito Tributário do Estado de Direito.

Da utilização dessa figura dogmática, não decorre necessariamente uma suposta "tipicidade fechada",[32] como se ela trouxesse em si essa nota como característica essencial, antes servindo como instrumento para seu exame. Cuida-se de um conceito acima de tudo dogmático,[33] que permite melhor analisar e fazer afirmações sobre se os aspectos da incidência tributária sujeitam-se à lei formal, em que medida e em quais condições, por isso relacionado à legalidade e ao Estado de Direito. Mas, para além disso, a sua utilização liga-se eminentemente à questão de se saber o grau de densidade exigida da lei no que se refere aos seus contornos (o chamado de *Tatbestand* de garantia) e, também

---

[29] CARVALHO, Paulo de Barros. *Curso de direito tributário*. 24ª ed. São Paulo: Saraiva, 2012.

[30] No sentido de que os elementos essenciais de cada *Tatbestand* devem constar de lei parlamentar, de modo que implicaria na predeterminação legal das diferentes figuras de imposto. Essa acepção é comumente utilizada para defesa de uma tipicidade e tipo taxativos (fechados, *numerus clausus*).

[31] O *Tatbestand* de garantia permite orientar a interpretação da reserva de lei em cada ordenamento jurídico, desvelando suas características estruturais, dentre as quais deve fazer parte a sua finalidade de conexão com o Estado de Direito e a democracia, na qual o parlamento possui o papel principal na orientação política. Assim, a interpretação e aplicação da reserva de lei é facilitada pelo conceito dogmático de *Tatbestand*.

[32] Há autores que defendem um conceito de *Tatbestand* muito fechado, como *Alberto Xavier*, e autores que permitem sua abertura ao tipo econômico, como Enno Becker, na Alemanha, e mesmo o próprio *Hensel*.

[33] O Direito Fiscal ou Tributário é atualmente uma ciência com caráter supranacional, porque se assenta em algumas estruturas lógico-objetivas, dentre os quais está o *Tatbestand*, ao lado do modelo de imposto, fato tributário, sujeito ativo, sujeito passivo, base tributária, taxa/alíquota proporcional ou progressiva etc.

assim, se seria autorizada a discricionariedade ou alguma margem de livre apreciação administrativa. Ao falar-se de *Tatbestand*, comumente questiona-se sobre quais elementos o compõem no sentido de perquirir quais estariam sujeitos à reserva de lei, além da questão sobre se tais elementos podem ou não ser desenvolvidos por atos infralegais.

Coube a *Alberto Xavier* um dos desenvolvimentos mais profundos sobre o tema na sua sempre lembrada tese de doutoramento, que repercutiu tanto aqui como alhures.[34] Para o autor, a tipicidade é um princípio que só se manifesta em alguns setores da ordem jurídica, tendo em vista o significado que lhe atribui no sentido de tipicidade como concretizadora da legalidade, cujas ideias de reserva legal tributária e determinação são conduzidas a uma *tipicidade fechada* fundamentada na segurança jurídica.[35] Segundo suas palavras:[36]

> A tipicidade no Direito Tributário é, pois, segundo certa terminologia, uma tipicidade fechada, contém em si todos os elementos para a valoração dos fatos e produção dos efeitos, sem carecer de qualquer recurso a elementos a ela estranhos e sem tolerar qualquer valoração que se substitua ou acresça à contida no tipo legal. *Nullum tributum sine lege* é brocardo que igualmente exprime o imperativo de que todos os elementos necessários à tributação do caso concreto se contenham e apenas se contenham na lei.
>
> Como já se viu, uma reserva absoluta de lei impõe que a lei contenha não só o fundamento da conduta da Administração, mas também o próprio critério de decisão que, desta sorte, se obtém por mera dedução da norma, limitando-se o órgão de aplicação do direito a nela subsumir o fato tributário.[37]

---

[34] XAVIER, Alberto. *Conceito e natureza do acto tributário*, 1972.

[35] Conforme explica: "O princípio da tipicidade da tributação vai, porém, ainda mais longe: exige que o conteúdo da decisão se encontre rigorosamente determinado na lei. É o princípio da determinação (*Grundsatz der Bestimmtheit*) de que fala Friedrich (...) Eis o que a segurança jurídica exige no domínio tributário: pois senão ficaria seriamente abalada a regra *nullum tributum sine lege*, se na aplicação do Direito Tributário se pudesse recorrer a elementos ou critérios de valoração e decisão que não estivessem já contidos na própria lei? (...) O princípio da determinação converte, pois, o tipo tributário num tipo rigorosamente fechado: e o tipo fechado não só no sentido que lhe atribuiu Oliveira Ascensão, de tipo que exclui outros elementos juridicamente relevantes que lhe sejam exteriores, de tal como que o fato pode ter um conteúdo extratípico modelado pela vontade (o que é repelido pelo princípio do exclusivismo), mas também no sentido que lhe atribuem *Larenz* e *Roxin*, de tipo que oferece elevado grau de determinação conceitual, ou de fixação do conteúdo." (XAVIER, Alberto. *Os princípios da legalidade e da tipicidade da tributação*, 1978, p. 92/94) Sobre o que defende Ascensão. ASCENSÃO, José de Oliveira. *A tipicidade nos Direitos Reais*. Lisboa, 1968.

[36] Como indicado expressamente pelo próprio, *Xavier* partiu da definição de tipo fechado adotada por *Karl Larenz* na obra *Metodologia da Ciência do Direito*, pelo qual a oposição entre tipo aberto e fechado se dá pelo elevado grau conceitual desse último. No entanto, é interessante mencionar que o próprio *Larenz* abandonou a tese da possibilidade de tipo fechado a partir da terceira edição de sua obra, datada de 1975, porque entendeu que a estrutura tipológica é sempre aberta, ao contrário do conceito abstrato que, em situações ideais, poderia se apresentar fechado.

[37] XAVIER, Alberto. *Os princípios da legalidade e da tipicidade da tributação*, 1978, p. 91/92, bem como nota de rodapé nº 16.

Como corolários do princípio da tipicidade, o autor cita: (a) origem legal decorre que os tipos tributários nos seus contornos essenciais não podem ser criados por costume ou regulamento, mas apenas por lei;[38] (b) objeto que apanha tanto a hipótese como o consequente da norma; (c) princípio da seleção, que exprime que as situações que são efetivamente tributadas decorrem da escolha do legislador, feita através de um recorte do quadro geral das realidades que ostentam capacidade contributiva, sendo impossível a tributação com base num conceito geral ou cláusula geral de tributo;[39] (d) princípio do *numerus clausus*, pelo qual os tributos devem estar taxativamente previstos em lei, não havendo espaço para analogia em razão do *nullum tributum sine lege*. Logo, somente o catálogo selecionado pelo legislador se submete à tributação, delimitando o campo livre de tributo; (e) princípio do exclusivismo, em razão do qual os tipos legais contêm a descrição completa dos elementos necessários à tributação, contendo uma valoração definitiva da realidade, sem precisar ou permitir quaisquer outros elementos;[40] e o (f) princípio da determinação, que prescreve que os elementos do tipo devem ser de tal modo precisos e determinados na sua formulação legal, que os órgãos de aplicação devem proceder a uma mera subsunção, de modo que não admite conceitos jurídicos indeterminados ou cláusulas gerais.

---

[38] Segundo o autor "se a origem normativa da tipicidade é a lei formal quanto aos elemento essenciais do tipo, ela já pode situar-se, como vimos, no regulamento, quanto aos elementos de que o § 1º do art. 70º não faz reserva expressa, ou seja, a determinação efectiva da taxa nos limites autorizados e dos casos em que haja lugar a isenção". (*Conceito e natureza do acto tributário*, 1972, p. 311)

[39] Diz o autor: "ao legislador recortar, dentro do quadro assim definido, aquelas manifestações de capacidade contributiva que repute deverem ficar sujeitas a imposto. A tipicidade repele assim a tributação baseada num conceito geral ou cláusula geral de tributo, ainda que referido à ideia de capacidade econômica" ... "O método da cláusula geral – tão caro aos Estados totalitários – não pode deixar de brigar com a própria essência do Estado de Direito e, em especial, com os valores da segurança jurídica que este encarna. Em boa verdade, se ao Estado de Direito repugna a célebre declaração do Governo soviético de Munique, em 1919: 'Toda a ofensa dos princípios revolucionários será punida. A determinação da natureza da pena cabe à livre discrição do juiz' – bem decerto não repugnaria menos uma outra norma assim concebida: 'Toda a manifestação de capacidade contributiva será tributada. A determinação da taxa cabe à livre discrição dos serviços'. (XAVIER, Alberto. *Os princípios da legalidade e da tipicidade da tributação*, 1978, p. 85). Embora qualifique a seleção como característica do *Tatbestand*, na verdade, parece que ela o precede, sendo uma técnica legislativa correspondente ao momento em que o legislador colhe os elementos a consagrar na norma.

[40] Decorre daí que a vontade do aplicador é irrelevante, não podendo modelar aquilo que se poderia designar como conteúdo acessório: o administrador não pode dispensar elementos do tipo por reputá-los acessórios, tampouco acrescentar elementos ao tipo qualificando-os como secundários. O fundamento é simples, a valoração da realidade é exclusiva e definitiva pelo legislador.

O princípio da legalidade e o seu corolário impondo a tipicidade fechada, visam diretamente à certeza e à segurança do Direito, promovendo através do processo legislativo da lei em sentido formal a certeza do Direito e a sua estabilidade. Tais valores são consolidados pela tipicidade fechada, que assegura que o destinatário das normas venha a conhecer as obrigações e direitos tributários somente através da lei.[41]

Em razão de tais características, o *Tatbestand* é conduzido a um tipo rigorosamente fechado, não sendo permitido que seus elementos sejam criados por regulamentos ou que sua modelação seja feita pela vontade administrativa,[42] defendendo também uma proibição dirigida ao legislador do uso de conceitos jurídicos indeterminados no que diz respeito aos elementos essenciais de imposto.[43]

Destarte, parece-nos que o festejado autor confunde a tipicidade no sentido de *Typizität*, que expressa a qualidade de tipo, com a tipicidade na acepção de princípio da determinação (*Grundsatz der Bestimmtheit*).[44] Ademais, a teoria da tipicidade fechada, tal como defendida por *Xavier*, é atualmente questionada. Critica-se que ela seguiria a segurança jurídica como se fosse o único valor que mereceria ser tutelado, numa postura que parece vinculada a uma ideologia individualista ligada ao patrimônio que não percebe a complexidade e ambivalência da contemporaneidade. Nesse aspecto, concordamos com *Dourado*[45] ao dizer que temos as maiores reservas sobre se os elementos exclusivismo e determinação, entre si interligados e complementares, caracterizem (ou devam ou sequer possam caracterizar) a tipicidade fiscal, uma vez que, não só o legislador não pode fazer valorações definitivas das situações, através de uma suposta predeterminação legal do conteúdo das decisões, como o papel valorativo do aplicador é, em maior ou menor medida, incontrolável.

---

[41] CAMPOS, Diogo Leite. "A total impossibilidade de prever o futuro e os impostos". In: *Revista de Finanças Públicas e Direito Fiscal*, ano III, nº 3, Almedina, outubro, 2010, p. 178.

[42] XAVIER, Alberto. *Conceito e natureza do acto tributário*, 1972, p. 330, 311 e 344, respectivamente.

[43] "existe um imperativo constitucional, dirigido ao legislador ordinário, por força do qual este deverá formular os elementos essenciais do tributo em termos «determinados». Numa palavra: ao legislador ordinário está vedada a utilização de conceitos jurídicos indeterminados em matéria de incidência, de isenções ou de taxa" (XAVIER, Alberto. *Conceito e natureza do acto tributário*, 1972, p. 331)

[44] Como referido em: TORRES, Ricardo Lobo. "O princípio da tipicidade no direito tributário", In. RIBEIRO, Ricardo Lodi; ROCHA, Sergio André (coords.). *Legalidade e tipicidade no Direito Tributário*, São Paulo: Quartier Latin, 2008, p. 144.

[45] DOURADO, Ana Paula. *O princípio da legalidade fiscal*, 2019, p. 324/325.

Em nossa opinião, a predeterminação legal do conteúdo das decisões, assim como o *numerus clausus*, o exclusivismo e a determinação, se entendidos em termos absolutos, partem de um entendimento sobre a aplicação da lei puramente silogístico e subsuntivo (lógico-dedutivo), típico de um positivismo já superado. O debate metodológico e gnosiológico contemporâneo demonstra que o papel mecanicista na aplicação não é factível, pois a criação lhe é inerente, mas isso não significa que não haja uma resposta correta, adequada e justa ao caso concreto. A determinação que se exige da legalidade, posto que somente se pode exigir o que seja possível, não significa que o órgão aplicador deva "descobrir", de forma imediata, direta e exclusiva, um conteúdo lógico e conceitualmente unívoco, resultante de um suposto *numerus clausus*, de um exclusivismo e da tipificação fechada do *Tatbestand*. Como teremos oportunidade de retomar à frente, a tipicidade não significa uma predeterminação absoluta de todas as situações que possam existir, devendo também tomar em consideração se o núcleo da capacidade contributiva seria compatível com isso. Assim, ao que tudo indica, partindo-se da ótica da tese jurídica analisada, tais obstáculos se mostram instransponíveis.

1.3. O abandono do "tipo" e a falsa dicotomia

Tipo é um termo polissêmico, utilizado em uma multiplicidade de sentidos e que gera uma tal confusão que escamoteia qual deveria ser a real discussão. A doutrina se apega à distinção entre "tipos" e "conceitos" como critério para defender se a previsão da competência para instituição de tributos ou para a cobrança do tributo já instituído devesse seguir uma lógica rígida ou flexível, mas esse não é um caminho válido.

Até meados dos anos noventa, a associação da legalidade em matéria tributária a uma "tipicidade fechada"[46] era uma ideia corrente e bastante difundida nas obras dos grandes doutrinadores do Direito Tributário Brasileiro e latino-americanos, e o tipo era utilizado no Direito Tributário como conceito determinado e fechado, muito em

[46] A expressão "tipo fechado", utilizado como noção central na obra de *Alberto Xavier*, remonta à obra de *Larenz*, em cujas primeira e segunda edições adotou a classificação, porém a abandonou a partir da terceira edição. (LAREZ, Karl; CANARIS, Claus Wilhelm. *Methodenlehre der Rechtswissenschaft*, 3ª ed. Berlim: Springer, 1995, p. 291 *apud* SCHOUERI, Luís Eduardo. *Direito tributário*, 2015. p. 272)

razão da tradução inadequada do termo alemão *Tatbestand*,[47] já esclarecido acima.

Conceptualmente, o adequado é se falar em tipo como "termo médio entre o individual e o abstrato", mais concreto que o conceito geral e abstrato, "relação de coordenação e especificação", com vocação para o total, para a "unidade cheia de sentido".[48] A tipificação, nesse sentido, é a contemplação generalizadora e igualizadora conforme características coincidentes de grupos, deixando de lado particularidades do caso individual,[49] podendo, assim, ser associado à noção de *padrão, modelo, cópia* ou *forma básica, realidade total* ou *integral*.

O tipo nunca pode ser visto como único e exclusivo, mas como o que colhe as propriedades essenciais que se repetem de forma mais ou menos semelhante em diversos fenômenos. Por isso, não pode ser definido, mas apenas descrito, o que se dá por meio de notas que são renunciáveis, graduáveis, combináveis em diferentes graus de intensidade, tornando suas fronteiras flexíveis. Logo, suas características não são indispensáveis, podendo algumas delas faltar, do que resulta que os fatos se referem, se aparentam ao tipo, sem terem que se subsumir ao mesmo por identificação. Nessa linha de raciocínio, o tipo está na imagem geral, na visão total, por isso deve-se procurar compreender a "totalidade" na realidade, havendo ordenação, comparação e pensamento analógico, e não uma subsunção ou identificação. Entretanto, mesmo assim, o tipo tem fronteiras, porque a ausência de fronteiras seria a ausência de ordenação,[50] fronteiras essas que separarão o típico do atípico.[51]

---

[47] Como explica *Derzi*: "Há quem fale em tipos abertos e tipos fechados. O tipo fechado não se distingue do conceito classificatório, pois seus limites são definidos e suas notas rigidamente assentadas. (...) os tipos são abertos, necessariamente abertos, com as características que apontamos. Quando o direito 'fecha' o tipo, o que se dá é sua cristalização em um conceito de classe. Neste contexto, a expressão tipo fechado será uma contradição e uma impropriedade". (DERZI, Misabel de Abreu Machado. *Direito tributário, direito penal e tipo*, 2021, p. 64)

[48] DOURADO, Ana Paula. *O princípio da legalidade fiscal*, 2019, p. 537/540.

[49] Conforme *Derzi*: "Na ideia de tipo, subjaz a noção daquilo que é comum ou semelhante a vários seres distintos e, por isso, repetitivo". "Tipificar tem o sentido amplo de abstrair as particularidades individuais para colher o que é comum ou repetitivo. Tipo será, então, o que resultar desse processo de abstração generalizante, vale dizer, a forma média ou frequente, ou aquela especialmente representativa ou, ainda, o padrão normativo ideal" (ob. cit., p. 40 e 73/74). Cf. também ÁVILA, Humberto. *Competências tributárias*, 2018, p. 12.

[50] FOLLONI, André. "Sobre a distinção entre tipos e conceitos" In: *Estudos sobre a jurisprudência: controvérsias em matéria tributária nos tribunais superiores*, 2023, p. 155.

[51] Segundo *Larenz*: "Os desvios notórios da imagem global do 'tipo normal' classificar-se-ão como tipos especiais ou como 'configurações atípicas'. Onde reside em cada caso a fronteira, até onde é possível ainda uma coordenação a este tipo, não pode indicar-se de modo geral; quando as fronteiras são fluidas, como é geralmente o caso tratando-se de tipo, a coordenação só é

Diante destas características, defende-se que o tipo seja utilizado quando as situações da vida devam ser reguladas de forma pormenorizada, embora com contornos flexíveis, adaptáveis à graduação de características, tal como existem na realidade.[52] De modo diferente, o conceito geral e abstrato isolaria as notas singulares, reduzindo-as, e, por ter-se afastado do real, seria mais rígido, com aplicação tendencialmente subsuntiva. Ou seja, o tipo, por oposição ao conceito, não está fixado em "elementos", de forma que a realidade abarcável pelo conceito é inevitavelmente incompleta e menor do que aquela alcançada pelo tipo.

No Direito Tributário, podemos citar como exemplo a progressividade de tributos, que partem de tipos empíricos porque os rendimentos mais elevados propiciariam uma utilidade marginal decrescente, por isso se sujeitam à carga tributária maior, ao passo que os rendimentos de mesma proporção teriam mesma utilidade. Da mesma forma, o tipo empírico proporciona a presunção de que o mínimo existencial é igual para todos (presume-se que as necessidades individuais correspondem às necessidades médias), de modo a conferir isenção ao imposto de renda. As deduções seguem o mesmo fio de raciocínio, pois as despesas relacionadas à capacidade contributiva ou mínimo existencial, tais como pensões de alimentos, são dedutíveis. A própria dedução de despesas no imposto de renda das pessoas jurídicas também parte de um tipo empresarial etc.[53] Nessa perspectiva, o legislador parte do tipo empírico, mas poderia acolhê-lo tipologicamente, ou não.[54]

---

possível com base em uma avaliação global". (LARENZ, Karl. *Metodologia da Ciência do Direito*, 1997, p. 666)

[52] A seguir esse raciocínio, o uso de tipos no Direito Tributário seria importante porque conecta a previsão legal às relações da vida que efetivamente manifestam capacidade contributiva, permitindo atender melhor à Justiça fiscal e à igualdade na tributação. Ademais, como um ramo do Direito que se dirige à regulação massiva, sua natureza recomendaria o método tipificante. Nessa medida, para formar o *Tatbestand*, o legislador poderia utilizar, além de conceitos gerais e abstratos, tipos jurídicos.

[53] Como exemplo, também podemos citar os tratados de dupla tributação, que comumente estabelecem como critérios que o destinatário dos rendimentos é residente "no Estado onde tem o centro de interesses vitais" ou "em que permanece habitualmente num território", representando tipos de frequência abertos. Da mesma forma seria aberto o tipo que considerasse residente aquele que possuísse, em 31 de dezembro, habitação em condições que façam supor a intenção de mantê-la e ocupá-la como residência habitual. De outro modo, mesmo permanecendo como tipo frequente, caso se estipulasse que residente seria aquele que permanecesse no território, durante o ano, por período superior a 180 dias, se estaria "fechando" o tipo e, nessa medida, não seria mais um conceito-tipo.

[54] Por exemplo, no caso do IRPF brasileiro, ao fixar um número definido para isenção, "fecha-se" o tipo. Nessa medida, o tipo empírico inspira o critério normativo da lei, mas não está na lei, não é jurídico.

Esclarecido o que é "tipo", passo seguinte é dizer que o mesmo não serve para se analisar o maior ou menor âmbito da norma tributária, pois inexiste uma dicotomia tipo *vs.* conceito.[55] [56]

A este respeito, *Ávila*[57] observa que os tipos e conceitos pertencem a universos discursivos diferentes e, por isso mesmo, são incomensuráveis, ou seja, não são passíveis de comparação. Os tipos estariam no universo cognoscitivo, representando o que comumente acontece, ao passo que os conceitos residiriam no universo normativo, sobre o que "deve-ser", de modo que a celeuma entre se é "tipo" ou "conceito" não teria sentido, pois não se pode estabelecer uma dicotomia entre termos que exprimem significados pertencentes a universos distintos, nem se pode admitir uma dicotomia quando, entre os dois extremos, há posições alternativas que permitiriam eliminar a contrariedade

[55] Nesse sentido: WOLF, Hans J. Typen im Recht und in der Rechtswissenschaft. *Studium Generale*, v. V, n. 4, p. 195-204, maio 1952, p. 200; ZIPPELIUS, Reinhold. Die Verwendung von Typen in Normen und Prognose. In: *Festschift für Karl Engisch zum*, 70 *apud* LEENEN, Detlev. *Typus und Rechtsfindung*. Berlin: Duncker & Humblot, 1971, p. 57/62; KUHLEN, Lothar. *Typuskonzeption in der Rechtstheorie*, Berlin, 1977; BYDLINSKI, Franz. *Juristische methodenlehe und Rechtsbegriff*, 2ª ed., Wien, New York, 1991; BACHOF, Otto, WOLFF, Hans. *Verwaltungsrecht*, I, 9ª ed., Muchen, 1974. Em sentido contrário, aponta-se que os tipos seriam ricos em notas e características, mas que, a renunciabilidade dos mesmos os tornariam fluidos e abertos à realidade, ao passo que a fluidez dos conceitos indeterminados decorreria da vagueza e imprecisão dos termos, o que não teria que ocorrer necessariamente com os tipos. Desta forma, os tipos não se confundem com vagueza ou ausência de concreção de sentido. Além disso, enquanto o método de aplicação dos tipos seria de "mais ou menos", o método de aplicação dos conceitos indeterminados seria binário ("sim ou não", *tertium non datur*), de modo que, nos conceitos, o esforço interpretativo é todo dirigido a afastar a indeterminação, sem possibilidade de escolha entre alternativas equivalentes que ocorre no caso do método tipológico. Cf. DERZI, ob. cit., p. 363. Também entendendo que a indeterminação dos tipos e dos conceitos é diferente cf. ÁVILA, Humberto, ob. cit., p. 58/60.

[56] *Engish* e *Larenz* utilizam o tipo por contraposição ao conceito de classe, entretanto, Kuhlen defende que a ótica da doutrina clássica do tipo, eles não se oporiam aos conceitos de classe, mas seriam espécies de conceito de classe ou de conceito de ordem. Para Kuhlen, os conceitos de classe seriam predicados de um só lugar (legal/ilegal, furto/não furto), enquanto os conceitos de ordem são predicados de dois ou mais lugares, são relacionais e permitem verificações comparativas, no sentido de mais ou menos ("mais quente que", "mais escuro que"). Pelos conceitos de ordem, não se pretende distribuir por classes, mas atingir determinada ordem de elementos. Embora a doutrina clássica pretenda que os conceitos-tipo sejam conceitos de ordem, por contraposição aos conceitos de classe, a mesma acaba desvirtuando o sentido de conceito de ordem no sentido de Oppenheim. O significado que lhe é atribuído, pode ser tanto um como outro, embora seja indeterminado, característica esta que qualquer um deles pode ter. Então, os tipos podem ser de classe quando o objeto corresponda a um tipo T (tipicamente T), ou o objeto lhe pode corresponder mais ou menos ("x" apresenta características mais fracas do tipo T do que "y"). Assim, *Kuhlen* conclui que o conceito-tipo, nos termos em que ele é tido pela doutrina clássica, é frequentemente um conceito indeterminado. Cf. KUHLEN, Lothar. *Typuskonzeption in der Rechtstheorie*, Berlin, 1977, *apud* DOURADO, Ana Paula. *O princípio da legalidade fiscal*, 2019, p.5 43/544 e, especialmente, nota de rodapé nº 1612. No mesmo sentido se aponta BYDLINSKI, Franz. *Juristische methodenlehe und Rechtsbegriff*, 2ª ed., Wien, New York, 1991.

[57] ÁVILA, Humberto. *Competências tributárias*, 2018, p. 59.

inicial. Por sua vez, *Xavier*[58] bem observa que a configuração dos fatos tributáveis mediante traços econômicos típicos, como pretende a doutrina dos tipos, não poderia ser admitida em razão de exigências de legalidade, porque não faz apelo ao tipo em sentido jurídico, mas ao tipo real, mero conceito de ordem, de fronteiras fluidas, ao qual as realidades se não submetem, mas apenas se referem.

Folloni aponta que tanto o tipo como o conceito são ordenações do pensamento, feitas a partir da abstração de determinadas características individuais na busca do que é comum a vários objetos semelhantes. Concretude e abstração estão presentes em ambos, ou em nenhum, a depender do ponto de vista, de modo que a distinção entre ambos se torna turva, de modo que tipos e conceitos acabam se confundindo. Segundo o autor:

> Quando se compreender que conceitos são em alguma medida indeterminados e tipos são em alguma medida abstratos, podendo ambos serem mais ou menos indeterminados e abstratos conforme o caso, e que as características necessárias dos conceitos e as características renunciáveis dos tipos se confundem, a depender do grau de abstração dos conceitos e da abrangência do núcleo fixo dos tipos, a distinção parece perder também a utilidade, tanto teórica quando prática, acabando, muitas vezes, por gerar mais confusão do que clareza no debate sobre as possibilidades e os limites da lei tributária e dos seus diversos intérpretes.[59]

Em relação à característica da renunciabilidade, principal aspecto utilizado para se defender a distinção entre tipos e conceitos,[60] também soçobra diante de um exame mais aprofundado. Os conceitos podem ser elaborados de diversas formas, e podem ser definidos com termos mais ou menos determinados, e mais ou menos abrangentes. Quanto mais abrangente e menos determinada for a definição do conceito, menos notas distintivas necessárias condicionarão a interpretação e mais semelhante a um tipo será o conceito; ao passo que os tipos

---

[58] O autor trabalha a legalidade tributária como reserva formal absoluta de lei, que exige que todos os elementos do dever de pagar impostos estejam previstos na lei de forma precisa. Nessa ótica, ele insere o princípio da tipicidade como decorrência da legalidade e, nesse, assinala a característica do exclusivismo, que impediria valorações extralegais. Nessa medida, a expressão do exclusivismo pode ser reconduzida, ao fim e ao cabo, ao princípio da legalidade tributária visto na ótica do autor. Cf. XAVIER, Alberto. *Conceito e natureza do acto tributário,* 1972, p. 326/327; *Os princípios da legalidade e da tipicidade da tributação,* 1978, p. 90.

[59] O interessante trabalho disseca analiticamente a fragilidade dos diversos pontos que comumente são apontados como motivos para diferenciação entre tipos e conceitos, tal como a abertura, renunciabilidade de elementos, subsunção *vs* correspondência, definição ou descrição, concreto *vs* abstrato etc. (FOLLONI, André. "Sobre a distinção entre tipos e conceitos" In: *Estudos sobre a jurisprudência: controvérsias em matéria tributária nos tribunais superiores*, 2023, p. 166/167)

[60] Por todos, cf. LAVES, Raphael Assef. Tipicidade fechada, determinação e cognoscibilidade, p. 363 e 374.

têm um núcleo fixo ao lado de características renunciáveis. Quanto mais ampla e abrangente for a descrição do núcleo fixo, mais notas necessárias condicionarão a interpretação, e mais semelhante a um conceito será o tipo. Logo, podemos ter conceitos mais maleáveis que certos tipos, e tipos mais inflexíveis que conceitos, de forma que a caracterização de algumas expressões legais como tipos ou conceitos seria difícil, arbitrária, despropositada, inútil, teórica e praticamente irrelevante.[61]

Os autores têm razão, mas talvez seja possível melhor clarear a perspectiva. Para nós, o **tipo tem relevância como critério hermenêutico,**[62] manifestação de um pensamento tipológico na metodologia da interpretação da lei, mas ele não participa da expressão linguística legal, que sempre seleciona propriedades, de modo que, na realidade, são as chamadas "notas" que podem ser mais ou menos determinadas linguisticamente.[63] Se tais notas são consideradas exemplificativas, ilimitadas e instáveis ou necessárias, limitadas e estáveis, isso depende do caso concreto e da intepretação, não sendo possível estabelecer, *a priori*, um tipo ou um conceito, porque essa dicotomia não está ali na linguagem, mas no modo de interpretá-la. O melhor seria abandonar a distinção, bem como a ideia de subsunção ou coordenação ao tipo.[64]

Se bem examinadas as coisas, apenas se pode falar em conceitos determinados e indeterminados e, mesmo assim, a diferenciação é só de grau.[65] Os tipos, a bem da verdade, podem ser reconduzidos a uma dessas categorias,[66] não havendo que se falar em "conceitos-tipo"

---

[61] Nesse sentido: FOLLONI, André. "Sobre a distinção entre tipos e conceitos", 2023, p. 165.

[62] Como dito por *Larenz*, o tipo é uma forma de pensamento. (LARENZ, Karl. *Metodologia da ciência do direito*, 3ª ed., 1997, p. 656)

[63] Como bem observa *Derzi*, "o tipo jurídico só se apresenta, como tal, segundo as notas que o ordenamento normativo lhe tenha conferido. (...) O objeto, a realidade jurídica, é o sentido com o qual a norma colhe o fato. A faticidade pura nem é objeto jurídico, nem coincide com ele (...) Por ser uma abstração, há de colher não o indivíduo isolado em sua ininteligível concretude, mas o que há de comum ou repetitivo em um grupo, selecionando as características relevantes, segundo o ponto de vista normativo. (...) no tipo há sempre notas, características, não necessariamente constantes em todos os objetos que abrange, mas que permitirão distinguir o típico do atípico." (ob. cit., p. 93/94)

[64] Também no sentido de não separar tipos e conceitos por subsunção e coordenação: ENGISCH, Karl. *Introdução ao pensamento jurídico*, 2001, p. 259.

[65] A indeterminação é inerente à linguagem, nunca pode ser eliminada, nem mesmo pelo que a doutrina chama de "conceitos fechados", pois o texto nunca conseguirá dar conta de toda realidade. Observe-se que, ainda que o legislador utilize "conceitos fechados", sempre ocorre alteração de seu significado ao longo do tempo e das circunstâncias, sendo próprio até mesmo da evolução jurisprudencial.

[66] Para *Engisch*, o uso dos conceitos indeterminados, das cláusulas gerais, da equidade e dos elementos normativos nas hipóteses, constitui importantes mecanismos de aplicação da práxis jurídica em sentido tipificador (*La Idea de Concreción en el Derecho*, 2004, p. 411); ainda segundo

como uma categoria à parte, pois possuem a mesma estrutura lógica dos demais, o que levou *Dourado* a dizer que, "numa certa concepção de determinação e indeterminação legal, as características apontadas pela doutrina clássica ao conceito-tipo e ao conceito de classe fazem dos segundos conceitos determinados e dos primeiros conceitos indeterminados" e que "a maior ou menor vinculação na aplicação da lei é uma questão de grau de indeterminação legal", e não de estrutura lógica dos conceitos.[67]

Nessa medida, importante repisar que a interpretação/aplicação nunca é subsuntiva, pois o Direito se concretiza através de uma prática interpretativa complexa em que participam múltiplos fatores. Nessa medida, o pensamento analógico e tipológico[68] [69] se fazem presentes[70] tanto quanto o pensamento conceitual, sem que se possa falar de exclusivismo de um ou outro modo de pensar.

1.4. A adequada compreensão da tipicidade tributária e as exigências de determinação da lei

A teoria da "tipicidade fechada" parte da segurança jurídica como um valor absoluto, inegociável com quaisquer outros valores,

---

o autor, "os conceitos jurídicos de tipos se deixam sem dúvida colocar ao lado deles como uma nova classe de conceitos aos quais podemos atribuir particularidades. Mas em parte, eles apresentam-se também como subespécies dos conceitos indeterminados." (*Introdução ao pensamento jurídico*, 2001, p. 258).

[67] DOURADO, Ana Paula. *O princípio da legalidade fiscal*, 2019, p. 545/546.

[68] Segundo pensamento tipológico o legislador, ao exercer sua atividade, recorre ao tipo empírico, mas o apreende de forma valorativa, através de tipos legais, que podem ser estruturais ou tipos reais normativos, afastando-se mais ou menos do tipo empírico. O pensamento tipológico é um processo de aplicação da norma ao caso concreto, num processo de obtenção do Direito que se diferencia da mera verificação passiva da conformidade dos fatos da vida aos pressupostos da norma referida como aplicação logico-subsuntiva. Nesse sentido, pelo pensamento tipológico, a aplicação da lei se faz por comparação entre o caso concreto e o tipo (empírico) a ela subjacente, o que implica na busca pelo tipo (tipo médio ou frequente) que a lei pretende disciplinar como elemento orientador da interpretação, diminuindo a subjetividade do intérprete. Como diz *Derzi* "o método tipológico supõe e pressupõe o modo de raciocinar por comparação (mais ou menos) e a consequente renunciabilidade das notas que compõem os tipos." (ob. cit., p. 363).

[69] O pensamento tipológico pode servir de instrumento de compreensão das relações jurídicas, encaradas essas relações como fenômenos que se reiteram de um modo determinado e isso dá lugar à uma aplicação que pode recorrer novamente ao tipo, caracterizando um "vai-vem" entre "ser" e "dever ser" que permite uma maior adequação da realidade à norma.

[70] Como assinala *Casalta Nabais* "o pensamento tipológico está subjacente a todos os conceitos (fechados ou abertos) enquanto integram as chamadas 'circunstâncias do caso' susceptíveis (e necessitadas) de desenvolvimento e concretização através de uma referência ao real." (*O dever fundamentao de pagar impostos*, 2015, p. 352, nota de rodapé nº 485).

olvidando a finalidade da lei, na esteira de um positivismo formalista que recomenda a vinculação absoluta do aplicador do direito à letra da lei, no entanto, esse entendimento não decorre necessariamente da maioria dos textos constitucionais no mundo ocidental.

A generalidade das constituições que se seguiram ao movimento constitucionalista desencadeado pelo ideário das revoluções liberais contém disposições que exigem que os impostos devem ser aprovados pelos órgãos legislativos representantes do povo, embora possa ser verificada a diversidade em sua expressão constitucional, que vai desde constituições que contêm disposições específicas e estritas relativas à legalidade dos impostos, como Brasil e Portugal,[71] passando por constituições em que a legalidade tributária se apresenta integrada ao nível do texto constitucional da legalidade das prestações patrimoniais e pessoais,[72] até constituições cujo texto não possui disposição específica relativa à legalidade dos tributos,[73] sendo que nada em referidos textos impõe a exigência de uma "tipicidade fechada", a não ser uma interpretação que se faça deles e que, ao final, depende da ideologia adotada e de compreensão clássica (moderna) do fundamento da legalidade tributária através da lei-*ratio* e dos consectários que daí advêm.

É sintomático perceber que, em sentido diametralmente oposto, parte da doutrina postula que "não existe tipicidade fechada no Direito Tributário, nem em qualquer outro ramo do Direito",[74] o que demonstra a celeuma que se instalou.

Algumas vezes a tipicidade é utilizada no mesmo sentido de determinabilidade (*Bestimmtheitsgrudsatz),* noutras é substituída por

---

[71] Constituição Portuguesa: Art. 103. 2. Os impostos são criados por lei, que determina a incidência, a taxa, os benefícios fiscais e as garantias do contribuinte. 3. Ninguém pode ser obrigado a pagar impostos que não hajam sido criados nos termos da Constituição, que tenham natureza retroativa ou cuja liquidação se não façam nos termos da lei. Constituição brasileira: Art. 150. Sem prejuízo de outras garantias asseguradas ao contribuinte, é vedado à União, aos Estados, ao Distrito Federal e aos Municípios: I – exigir ou aumentar tributo sem lei que o estabeleça;

[72] Constituição italiana: Art. 23. Nenhuma prestação pessoal ou patrimonial pode ser imposta, a não ser com base na lei; Constituição espanhola: Art. 31. 3. Sólon podrãn establecerse prestaciones personales o patrimoniales de caráter público com arreglo a la ley.

[73] Na Alemanha, o princípio da reserva legal é deduzido do art. 2, I, GG (liberdade de ação econômica como emanação do livre desenvolvimento da personalidade; art. 20, III, GG (Poder Executivo e Jurisprudência estão vinculados à lei e ao Direito; integração do art. 14 I 2, III 2 GG (são determinados pela lei o conteúdo e limites da propriedade, só através da lei se regula a extensão da indenização como requisito para desapropriação); previsão em lei ordinária (§ 3º I AO (s. Rz. 65) e no § 38 AO. Nesse sentido: TIPKE, Klaus; LANG, Joachim. *Direito Tributário,* 2008, p. 237 e ss.

[74] RIBEIRO, Ricardo Lodi. "Legalidade Tributária, Tipicidade Aberta, Conceitos Indeterminados e Cláusulas Gerais Tributárias" In: *Revista de Direito Administrativo*, v. 229, p. 313-333, 2002.

reserva material ou conteudística da lei, aspecto vertical da legalidade ou, ainda, seguindo-se o mesmo sentido de reserva legal absoluta ou legalidade material etc. Insta registrar que o problema não é só de nomenclatura, mas de significado, pois as acepções acabam embaralhando diversas coisas absolutamente distintas. *Xavier*[75] já trazia três acepções possíveis para tipicidade tributária: (a) correspondência dos fatos ao *Tatbestand*, ou seja, uma atribuição que se dá aos fatos, que exprime sua correspondência ao modelo abstrato descrito na norma (*Tatbestandsmässigkeit*) de que resulta a obrigação tributária; (b) característica da administração tributária, que assim se aproxima e se confunde com o mais tradicional princípio da legalidade, de maneira que a tipicidade seria, pois, o princípio pelo qual os impostos só poderão ser cobrados quando a lei o autorize e, portanto, quando se concretiza a previsão (*Tatbestand*) dessa mesma lei; (c) uma característica dos textos normativos acerca da exigência de precisão normativa (conteúdo material da lei).

A adequada compreensão da tipicidade se inicia pelo reconhecimento de que a mesma pode ser vista como um aspecto da legalidade, podendo efetivamente ser reconduzida à faceta material do princípio da legalidade fiscal,[76] tratando-se de um peculiar aspecto que é "pinçado" da reserva de lei formal e que assegura os objetivos prosseguidos por ela. A tipicidade é uma decorrência do Estado de Direito e, como explica *Dourado*,[77] enquanto princípio-garantia, caracteriza-se pela definição legal dos elementos essenciais do imposto de modo suficientemente determinado, cabendo sempre ao Parlamento a orientação política sobre os mesmos. Isto significa que determinados

---

[75] XAVIER, Alberto. *Conceito e natureza do acto tributário*, 1972, p. 264 e ss.

[76] Nesse sentido: ROCHA, Sergio André. "A origem do princípio da tipicidade no direito tributário brasileiro", 2022; DOURADO, Ana Paula. *O princípio da legalidade fiscal*, p. 229; ou, como assinala *Xavier*: "O princípio da tipicidade não é, ao contrário do que já uns sustentam, um princípio autônomo do da legalidade: antes é a expressão mesma deste princípio quando se manifesta na forma de uma reserva absoluta de lei, ou seja, sempre que se encontra construído por estritas considerações de segurança jurídica" (*Os princípios da legalidade e da tipicidade*, p. 69/70). Nesse sentido, *Casalta Nabais* expõe que: "Daí que a generalidade da doutrina, acompanhada pela jurisprudência, se refira ao princípio da tipicidade fiscal como uma específica expressão do princípio da reserva del ei formal, directamente fundada em preceitos constitucionais". (*O dever fundamental de pagar impostos*, p. 353). Em sentido contrário, Kruse defende a existência de diferença entre legalidade e tipicidade na medida em que, enquanto qualquer tipo de norma garante os pressupostos de previsibilidade e calculabilidade exigidos pelo princípio da legalidade (não sendo necessário que se trate de lei formal), o princípio da tipicidade dos impostos impõe que tais pressupostos sejam assegurados por norma legal, de modo que, consequentemente, ficam proibidos, por exemplo, regulamentos inovadores. (KRUSE, Heinrich Wilhelm. *Gesetzmässige Verwaltung*, p. 112, *apud* DOURADO, Ana Paula. *O princípio da legalidade fiscal*, 2019, p. 336, nota de rodapé 964).

[77] DOURADO, Ana Paula. *O princípio da legalidade fiscal*, 2019, p. 328.

elementos essenciais do *Tatbestand* devem, inafastavelmente, ser definidos por lei, porque a legalidade tributária exige que todas as questões essenciais e com aptidão para permanência devam ser tomadas pelo próprio Parlamento (reserva de essencialidade), mormente no campo do Direito Tributário, que diz respeito à liberdade e propriedade dos cidadãos,[78] de modo a dela derivarem os critérios de decisão das situações concretas.[79] Nessa senda, seu âmbito se analisa em dois segmentos: a quais elementos (ou momentos) da dinâmica dos tributos se aplica, e até que ponto a lei deve levar a disciplina desses elementos.

A adoção da tipicidade produz como importantes consequências: a concretização da reserva de lei parlamentar; a diferenciação dos campos reservados às competências legislativas e às competências regulamentares quanto aos diferentes elementos do imposto, na medida em que delimita o que faz ou não faz parte do *Tatbestand* de garantia; atos infralegais, embora possam complementar a lei, não a podem substituir, proibindo-se delegações legislativas; veda a analogia e obsta colmatarem-se lacunas, seja pela administração, seja pelo juiz; veda a retroatividade; chegando alguns autores[80] a dizer que da tipicidade decorreria a proibição de quaisquer poderes de conformação administrativa.

Nesse contexto, importa destacar que o princípio da tipicidade e o princípio da determinação, embora relacionados à "essencialidade" das matérias, não se sobrepõem completamente. Os dois constituem obrigações ao legislador e funcionam como parâmetros para aferir a concretização da reserva de lei, mas enquanto o primeiro diz respeito ao conteúdo de legalidade que o *Tatbestand* deve possuir (quais elementos estão sujeitos à lei), o segundo diz sobre a densidade dos elementos legais essenciais, de modo a limitar tanto a atividade administrativa como a jurisdicional. Assim, a determinação é a diretriz de quantificação da tipicidade,[81] é o elemento quantitativo da tipicidade, intrinsecamente relacionados, complementares, mas diversos.

Ademais, é no âmbito da determinação que jaz a resposta acerca da exigência de reserva absoluta ou relativa de lei parlamentar, a depender de como esses conceitos são compreendidos; ela que confere concretização ao que devemos entender por reserva absoluta e sobre

---

[78] ÁVILA, Humberto. *Sistema Constitucional Tributário*, p. 192.

[79] NABAIS, José Casalta. *O dever fundamental de pagar impostos*, 2015, p. 345.

[80] PAPIER, Hans-Jürgen. *Die finanzrechtlichen Gesetzesvorbehalte*, *apud* DOURADO, ob. cit., p. 275.

[81] DOURADO, Ana Paula. *O princípio da legalidade fiscal*, 2019, p. 231/232 e 328. *Alberto Xavier* coloca a determinação como uma expressão do princípio da tipicidade. Cf. *Os princípios da legalidade e da tipicidade da tributação*, 1978.

a possibilidade/impossibilidade de autorizações legislativas, discricionariedade e margem de apreciação. Como corretamente observa *Casalta Nabais*,[82] a determinação tem por função retirar da administração e do juiz qualquer papel ativo no que respeita aos elementos essenciais dos impostos, o que tem como consequência que "o direito fiscal viva do *dictum* do legislador".

Destarte, a tipicidade diz respeito tanto ao momento de legiferação quanto de aplicação e, nessa medida, pode funcionar como um limite à interpretação pelo tribunal, já que este não pode elaborar novos *Tatbestände*, uma vez que a tipicidade exprime a prevalência do legislador em matéria fiscal.[83] Nos meandros da legalidade, a tipicidade representa o que se sujeita à lei formal, ou seja, diz quais as matérias sujeitas à reserva de lei e, nessa medida, é acrescido/quantificado pelo princípio da determinação que explicita a densidade normativa de cada elemento identificado pela tipicidade.[84] Assim, ajuda a ressaltar um aspecto da legalidade, permitindo clarificá-la, desenvolvê-la sob um tópico e uma perspectiva mais nítidos e com significados e funções que lhe conferem maiores potencialidades como categoria dogmática.

1.5. *Excursus* de direito comparado

O debate sobre o papel da lei e a necessidade de densidade normativa para imposição de tributos se faz presente nos mais diversos sistemas jurídicos. É um problema que chama atenção da generalidade da doutrina, possuindo o *status* de um dos aspectos de teoria geral do Direito Tributário, por referir a um dos pilares da disciplina. A realidade econômica, social e cultural, principalmente a cultura jurídica, variam enormemente de um país para outro, levando a formas diferentes de se examinar o fenômeno, que também varia conforme o momento histórico de cada nação,[85] mas é possível identificar convergências e inegáveis influências entre alguns ordenamentos. Levan-

---

[82] NABAIS, ob. cit., p. 355.

[83] Precedente do BVerGE 13, p. 318, 328, citado por DOURADO, ob. cit., p. 272

[84] Em outros termos, poder-se-ia dizer: "O princípio da legalidade da imposição é complementado pelo princípio da certeza legal da imposição". (TIPKE, Klaus; LANG, Joachim. *Direito Tributário*. vol. 1, 18ª ed. Porto Alegre: Sergio Antonio Fabris, 2008, p. 245)

[85] Veja-se o exemplo da Alemanha, que, na década de 20, por *Hensel* ou por *Bühler*, não esposava uma determinação absoluta, mas que, ao final do pós-Segunda Guerra, veio a se consolidar, para chegar atualmente a ser posto em questão. Cf. DOURADO, Ana Paula. *Princípio da legalidade fiscal*, 2019, p. 319.

tam-se vozes pela alteração das funções desempenhadas pelos órgãos de soberania, sob a justificativa de insuficiência da lei geral e abstrata como fenômeno comum aos Estados de Direito do século XX.

A doutrina alemã, majoritamente, defende a tipicidade fechada,[86] considerando que os conceitos jurídicos indeterminados são densificados via interpretação, sem espaço para discricionariedade ou margem de apreciação administrativa, ou, se assim não o for, são considerados inconstitucionais.[87]

Por sua vez, o BVerfG[88] entende que "o princípio da tipicidade exige, como expressão do princípio do Estado de Direito, que tipos fundamentadores de tributos precisam ser determinados de tal modo que possa o sujeito passivo calcular de antemão a carga tributária que lhe corresponda".[89] Entretanto, dessa forma como foi formulado, muitos preceitos do Direito Tributário teriam que ser reconhecidos como inconstitucionais, motivo pelo qual, em outras decisões, nunca se declarou inconstitucional uma norma por causa de sua grande indeterminabilidade,[90] contentando-se com a fórmula segundo a qual "é satisfatório para as exigências de determinação das normas fiscais, que o legislador seja suficientemente preciso quanto às disposições essenciais",[91] o que acaba se socorrendo de expressões igualmente indeterminadas como são "suficientemente" e "em certa medida".

---

[86] A informação é de DOURADO, Ana Paula. *O princípio da legalidade fiscal*, 2019, p. 268, nota de rodapé nº 745; a este respeito, podem ser citados: BIRK, Dieter. § 5 AO, Hübschmann, Hepp, Spitaler, AO/FGO *Kommentar*, II, Köln, 2000; BÜHLER, Ottmar. *Steurrecht*, I, 1951. O autor rejeita o uso de conceitos indeterminados pelo legislador; KRUSE, Heinrich Wilhelm. *Lehbuch des Steuerrechts*, I, 1991; PAULICK, Heinz. *Lehbruch des allgemeinen Steuerrechts*, Köln, Berlin, Bonn, München, 1977, p. 73/75; TIPKE, Klaus; LANG, Joachim. *Direito Tributário*, 2008; *Steurrecht*, 17ª ed., p. 102.

[87] DOURADO, Ana Paula. *O princípio da legalidade fiscal*, 2019, p. 270.

[88] BVerfGE (*Bundesverfassungsgericht)* 19, 253, 267; 34, 348, 365; 49, 343, 362.

[89] "Do princípio do Estado de Direito resulta que a autorização ao órgão competente para regulamentar deve ser tão determinada, que deve ser reconhecido e previsível directamente da autorização e não do regulamento aquilo que pode ser exigido ao cidadão." (BVerfGE 7, p. 302); No mesmo sentido, BVerfGE 19, p. 253 e ss. (267), e 49, p. 343 e ss. (362): "o princípio da tipicidade, como expressão do princípio do estado de direito, implica que os pressupostos de fato do impostos sejam determinados de tal modo que o contribuinte possa calcular antecipadamente o encargo fiscal que sobre ele recai". No original, e alemão, temos: "Der Grundsatz der Tatbestandsmäßigkeit als Ausdruck des Rechtsstaatsprinzips im Bereich des Abgabenwesens fordert, daß steuerbegründende Tatbestände so bestimmt sein müssen, daß der Steuerpflichtige die auf ihn entfallende Steuerlast vorausberechnen kann.". Disponível em: https://www.servat.unibe.ch/dfr/bv019253.html, acesso em 20/05/2023.

[90] BVerfGE 225,243f.; 11, 126, 130; 21, 209, 215; 31, 255, 264.

[91] TIPKE, Klaus; LANG, Joachim. *Direito Tributário*, 2008, p. 245/246. Nesse sentido, cf. BVerfGE 13, pp. 153 (160): "Die Grundsätze des Rechtsstaates fordern, daß die Norm, die eine Steuerpflicht begründet, nach Inhalt, Gegenstand, Zweck und Ausmaß hinreichend bestimmt und begrenzt ist, so daß die Steuerlast meßbar und in gewissem Umfang für den Staatsbürger voraussehbar

O Tribunal Constitucional alemão parece ter recorrido a formulações muito exigentes do princípio da tipicidade fiscal, embora tenha evoluído para posições menos rígidas, o que demonstra que a posição inicial se mostrou um tanto quanto inconsequente, dado que nunca foi declarada inconstitucional uma lei diante de sua indeterminação. Assim, a defesa de uma tipicidade fechada ou uma maior determinação acabou se mostrando despropositada, talvez não sendo praticável,[92] o que levou *H. J. Papier* a avaliar a situação nos seguintes termos:

> Direito constitucional e realidade raramente se apartam tanto um de outro como junto ao princípio da certeza em geral e na sua aplicação ao Direito Tributário em especial. Sua incontestabilidade e "glorificação verbal" na jurisprudência e na doutrina estão em uma chocante desproporção para com a real observância na legislação e no cumprimento fático por parte da Judicatura. – Em bases individuais sem dúvida tem despertado também grandes expectativas. Um Direito Tributário que até mesmo ao leigo possibilite "calcular de antemão" sua carga tributária não é "factível", nem existe em parte alguma do mundo. Um nível maior ou menor de abstração é inevitável. Não se pode renunciar totalmente a cláusulas gerais e conceitos jurídicos indeterminados. Todavia são inconstitucionais preceitos legais por motivo de extrema indeterminabilidade em nossa opinião, quando de qualquer modo não são aplicáveis, exeqüíveis, judiciáveis (*justitiabel*).[93]

Em Portugal, a doutrina e a jurisprudência mais recentes têm vindo a desmistificar a crença numa tipicidade fechada,[94] ao passo que o Tribunal Constitucional admite o uso de conceitos jurídicos indeterminados nas normas de incidência tributária, embora exija certa determinabilidade dos conceitos,[95] entendendo que a lei deve ser

---

und berechenbar wird." Disponível em: https://www.servat.unibe.ch/dfr/bv013153.html, acesso em 20/05/2023.

[92] "não é praticável uma determinabilidade como a que sugere a fórmula já transcrita do BVErfG alemão segundo a qual da norma fiscal há de resultar para o contribuinte a possibilidade de cálculo antecipado de seu encargo fiscal" (NABAIS, José Casalta. *O dever fundamental de pagar impostos*, 2015, p. 375)

[93] *Apud* TIPKE, Klaus; LANG, Joachim. *Direito Tributário*, v. I, 2008, p. 246.

[94] DOURADO, Ana Paula. *O principio da legalidade fiscal*, 2019 p. 16; NABAIS, José Casalta, *O dever fundamental de pagar impostos*; SANCHES, José Luis Saldanha. "A Segurança Jurídica no Estado Social de Direito. Conceitos Indeterminados, Analogia e Retroactividade no Direito Tributário". In: *Ciência e Técnica Fiscal*, n°s 310-312, Outubro-Dezembro de 1984 etc.

[95] No AC nº 233/94, o Tribunal Constitucional consignou que "em sede de restrições de direitos, liberdades e garantias, o recurso a conceitos jurídicos indeterminados, para efeitos de definição dos pressupostos e da amplitude de exercício de poderes discricionários pela Administração, deve encontrar na letra da lei um tal grau de densificação normativa que correspondam a um mínimo de critérios objectivos que balizem essa actuação discricionária da Administração, em termos tais que permitam aos cidadãos, com um mínimo de segurança, saber com que quadro normativo contam quanto à possível aplicação dessa lei e que simultaneamente confiram aos tribunais elementos objectivos suficientes para apreciação da adequação e proporcionalidade no uso de tais poderes"; "No caso vertente, constituirá exigência do princípio da legalidade tributária que os conceitos indeterminados contenham uma densificação normativa que permitam

"suficientemente pormenorizada",[96] sendo que a jurisprudência do Tribunal Constitucional sobre a não inconstitucionalidade dos conceitos indeterminados tem sido seguida pelo Supremo Tribunal Administrativo.[97] A este respeito, no AC nº 756/95, restou consignado:

> Será a norma de incidência aqui questionada tão ampla e vaga na sua formulação, que ponha em causa esse mínimo de precisão exigível às normas fiscais?
>
> A resposta a esta interrogação pressupõe o caracterizar da articulação – constitucionalmente viável – entre o emprego, neste tipo de normas, de conceitos indeterminados e aquilo que a jurisprudência constitucional alemã definiu como "princípio da determin abilidade" (*Bestimmenheitsgrundsatz*), referindo-se à exigência destas normas construirem a respectiva previsão "assegurando um mínimo de clareza e de transparência do tipo" e que "permita a calculabilidade e a previsibilidade da obrigação fiscal" (J. L. Saldanha Sanches, *A Segurança Jurídica no Estado Social de Direito*, Ciência e Técnica Fiscal, nºs 310/312, p. 299).
>
> A justificação de qualquer destas realidades (conceitos amplos/exigências de determinabilidade) não deixa de ser possível face a regras ou princípios constitucionalmente relevantes: se a determinabilidade se acolhe na defesa dos contribuintes contra o arbítrio da Administração Fiscal, que subjaz aos artigos nºs 2 e 3 do artigo 106º, o emprego de conceitos amplos e por vezes indeterminados – os únicos que garantem a plasticidade que possibilite a adaptação ao constante aparecimento de novas situações que, substancialmente iguais a outras já tributadas, não estejam ainda formalmente descritas com precisão – não deixa, o emprego desse tipo de conceitos, de se poder louvar no cumprimento do mandato de igualdade em sentido material, não permitindo o aparecimento constante de refúgios de evitação fiscal.
>
> Só a harmonização entre estas duas realidades, potencialmente conflituantes, é susceptível de fornecer soluções equilibradas que, sacrificando o menos possível dos valores subjacentes a cada uma, garanta o essencial desses valores.
>
> Esta harmonização vem sendo prosseguida, nomeadamente no plano das jurisdições constitucionais, excluindo as cláusulas gerais que operem como que uma transferência da "criação da obrigação fiscal» para a «discricionariedade da administração», mas não inviabilizando liminarmente certas «cláusulas gerais», «conceitos jurídicos inde-

---

aos particulares saber em que situações concretas possíveis é que pode ter lugar a substituição do sistema de tributação em contribuição industrial segundo o grupo A pelo do grupo B e aos tribunais conhecer da exigibilidade e da proporcionalidade da conduta da Administração ao determinar essa substituição do sistema de tributação".

[96] TC, AC nº 127/04 utiliza expressamente o termo e expõe que: "Se não será sempre indispensável que a norma legal fiscal forneça ao contribuinte a possibilidade de cálculo *exacto*, sem margem para quaisquer dúvidas ou flutuações, do seu encargo fiscal, é, porém, de exigir que a norma que constitui a base do dever de imposto seja suficientemente determinada no seu conteúdo, objecto, sentido e extensão de modo que o encargo fiscal seja medível e, em certa medida, previsível e calculável para o cidadão".

[97] Tem sido jurisprudência pacífica e reiterada do STA que o artigo 57 do CIRC não viola o princípio da legalidade fiscal: Ac. da 2 Secção, de 22.09.04, rec. n. 119/94; Ac. da 2 Secção, de 06.06.01, rec. n. 25807; Ac. da 2 Secção, de 21.01.03, rec. n. 21240; Ac. do Pleno, de 04.02.04, rec. n. 21240; Ac. do Pleno, de 19.03.03, rec. n. 19858.

> terminados", "conceitos tipológicos" (*Typusbegriffe*), "tipos discricionários" (*Ermessentatbestände*), e certos conceitos que atribuem à administração uma margem de valoração, os chamados "preceitos poder" (*Kaan-Vorschrift*).
>
> Todas estas figuras, guardadas certas margens de segurança, flexibilizam o sistema tornando-o apto a abranger, através da interpretação, "circunstâncias novas, porventura imprevisíveis ao tempo da formulação da lei" (J. L. Saldanha Sanches, ob. cit., p. 297 e 299-300).
>
> Ganha, assim, a tipicidade tributária, concretizada no princípio da determinabilidade, um valor específico, aquele que (e citamos de novo J. L. Saldanha Sanches) "tem o seu núcleo essencial na reserva da competência da lei para a selecção dos factos da vida social que devem ser objecto de tributação, na manutenção do *dictum* do legislador ordinário quanto à determinação dos factos tributáveis", mas que não inviabiliza "que este se sirva de uma formulação suficientemente ampla para abranger factos da mesma natureza e igualmente indicadores de capacidade tributária, ainda que com características que entre si os diferenciem" (ob. cit., p. 299).
>
> Ora, a norma aqui constitucionalmente questionada, como verdadeira norma residual de um universo que o legislador define com suficiente precisão (a Secção B do Imposto de Capitais – v. artigo 3º do CIC); construída em torno de um conceito – «rendimentos derivados da simples aplicação de capitais» – que concretizado de acordo com as regras interpretativas possíveis relativamente a normas de incidência fiscal, está muito longe de colocar nas mãos da administração um poder arbitrário de concretização; uma norma com estas características, dizíamos, não pode à partida ser tida como inconstitucionalmente indeterminada.

Dourado[98] aponta que o Tribunal Constitucional e a doutrina portuguesa entendem que as matérias sujeitas à reserva de lei parlamentar devem ter uma "densidade suficiente", não podendo o legislador limitar-se a emitir diretivas genéricas, tendo que estabelecer com necessária precisão a respectiva disciplina antes que se torne possível a intervenção do Governo no exercício do poder regulamentar.

Na doutrina brasileira, parece prevalecer a noção de uma reserva legal absoluta e tipicidade fechada em matéria tributária,[99] embora venham surgindo vozes que a enxergam sob uma ótica diferente,[100] e que ganha cada vez mais adeptos.

---

98 DOURADO, Ana Paula. *O princípio da legalidade fiscal*, 2019, p. 143/144.

99 AMARO, Luciano. *Direito tributário brasileiro*, 2010, p. 134; CARRAZZA, Roque Antônio. *Curso de direito constitucional tributário*, 2010, p. 260; CARVALHO, Paulo de Barros. *Curso de Direito Tributário*, 2009, p. 174; COÊLHO, Sacha Calmon Navarro. *Curso de direito tributário brasileiro*, 2010, p. 175; MEYER-PFLUG, Samantha. "Do princípio da legalidade e da tipicidade". In: *Curso de Direito Tributário*. 13ª ed. Ives Gandra da Silva Martins coord. São Paulo: Saraiva, 2011, p. 158; TÔRRES, Heleno Taveira. *Direito tributário e direito privado*: autonomia privada, simulação, elusão tributária. São Paulo: RT, 2003, p. 70-72; dentre outros.

100 ABRAHAM, Marcus. *Curso de direito tributário brasileiro*, 2018; GRECO, Marco Aurélio. *Planejamento Fiscal e Interpretação de Lei Tributária*, 1998; FERRAZ, Andréa Karla. "Legalidade tributária, segurança jurídica e conceitos jurídicos indeterminados" In: *Revista da Procuradoria-Geral*

O Supremo Tribunal Federal,[101] ao apreciar a contribuição para custeio da aposentadoria especial e de benefícios decorrentes de incapacidade decorrente de riscos ambientais do trabalho (denominado SAT – Seguro de Acidente do Trabalho – ou RAT – Risco Ambiental do Trabalho),[102] em caso que suscitou intensos debates sobre ofensa à tipicidade fechada e à configuração da legalidade tributária,[103] entendeu que a expressão "grau de risco preponderante leve, médio ou grave" (conceito jurídico indeterminado), define, satisfatoriamente, todos os elementos capazes de fazer nascer a obrigação tributária válida, e que o fato de a lei deixar para o regulamento a complementação dos conceitos de "atividade preponderante" e "grau de risco leve, médio e grave" não implica ofensa ao princípio da legalidade genérica, ou da legalidade tributária, tendo sido destacado que se o regulamento vai além do conteúdo da lei, a questão não é de inconstitucionalidade, mas de ilegalidade. Sobre a legalidade, foi expressamente destacado que a lei que institui tributo deve guardar maior densidade normativa, posto que deve conter os seus elementos essenciais previstos em lei formal, por estarem sob a reserva do princípio da legalidade tributária, mas que essas premissas foram atendidas no caso, mesmo para a previsão da alteração da alíquota "em razão do desempenho da empresa em relação à respectiva atividade econômica, apurado em conformidade com os resultados obtidos a partir dos índices de freqüência, gravidade e custo" (conceitos indeterminados), pois foi considerado possuir "densidade normativa suficiente".[104]

---

da Fazenda Nacional, vol. 3, nº 1, (jan/jun.2013), Brasília: PGFN, 2013; OLIVEIRA, José Marcos Domingues de. "Legalidade tributária: o princípio da proporcionalidade e a tipicidade aberta. In: *RDT* nº 70, p. 106/116; RIBEIRO, Ricardo Lodi. *A segurança jurídica do contribuinte*, 2023; TORRES, Ricardo Lobo. *Tratado de Direito Constitucional, Financeiro e Tributário*, 2014; TORRES, Silvia Faber. *A flexibilização do princípio da legalidade no direito do estado*. Rio de Janeiro: Renovar. p. 268, etc.

101 STF, RE nº 343.446, Pleno, 20/03/2003; RE nº 677.725, Pleno, 11/11/2021.

102 A contribuição ao SAT constitui a parte variável da contribuição da empresa sobre a remuneração de empregados e avulsos, prevista pelo art. 22, II, da Lei nº 8.212/91 e art. 10 da Lei nº 10.666/03, sendo de 1%, 2% ou 3% conforme o grau de risco da atividade preponderante na empresa, sujeitando-se, ainda, um acréscimo de 6, 9 ou 12 pontos percentuais relativamente à remuneração dos empregados e avulsos sujeitos à aposentadoria especial e admitindo, ainda, redução de até 50% ou aumento de até 100% em razão do desempenho da empresa relativamente aos níveis de frequência, gravidade e custos dos acidentes de trabalho verificados, aferidos pelo Fator Acidentário de Prevenção – FAP. Observe que o legislador não definiu as atividades empresariais submetidas a cada alíquota, muito menos o que seria grau de rico de acidente leve, médio ou grave.

103 Por todos, cite-se PAULSEN, Leandro; VELLOSO, Andrei Pitten. *Contribuições no sistema tributário brasileiro*, 2019, p. 155.

104 Sobre esse julgado, Ferraz explica que "o fundamento do voto do relator foi no sentido de que houve no caso do SAT uma delegação legislativa imprópria para o Poder Executivo e que esta seria legítima diante do princípio da legalidade, uma vez que a lei instituidora da exação em co-

A doutrina reverberou esse julgado, *Godoi*[105] reconheceu um caráter inovador da jurisprudência, asseverando que o decidido no RE 343.446 parece constituir uma negação da chamada teoria da "reserva absoluta de lei formal", ou "tipicidade fechada", segundo a qual o legislador deve descrever os elementos da obrigação tributária com total precisão, esgotando as valorações, e que o papel dos regulamentos e dos aplicadores seria de uma mera subsunção; *Ribeiro* disse que "é muito louvável que o nosso Tribunal Maior tenha superado o dogma da tipicidade fechada".[106]

Podemos referir vários outros julgados em que a noção de uma tipicidade absolutamente fechada não é acolhida,[107] sendo suficiente que a lei fixe *standards* e padrões que limitem a ação estatal. Fala-se, assim, de uma *legalidade suficiente*[108] que comportaria saber o tipo e grau de legalidade que satisfaça as exigências de reserva legal que não é compatível com arbítrio. Como consignado no voto do Min. *Dias Toffoli* no RE nº 838-284/SC:

> A corrente ortodoxa, capitaneada por Alberto Xavier, sempre apregoou a legalidade absoluta no direito tributário, exigindo da lei o tratamento, com elevado grau de precisão e profundidade, de todos os elementos da regra matriz de incidência tributária. Não obstante, atualmente, há uma clara tendência da doutrina em oferecer uma alternativa teórica à corrente formalista tradicional e em desfazer o dogma de que a segurança jurídica do contribuinte seria garantida pela tipicidade fechada. Aponta-se para um esgotamento do modelo, incapaz de garantir os direitos da maioria dos cidadãos.

---

mento teria previsto os parâmetros e padrões da incidência (base de cálculo, alíquota, fato gerador, sujeito passivo), tendo sido delegada apenas a função de aferir dados e elementos concretos da realidade fática, para fins de enquadramento das atividade empresariais nos parâmetros já definidos anteriormente na aludida lei". (FERRAZ, André Karla. "Legalidade tributária, segurança jurídica e conceitos jurídicos indeterminados" In: *Revista da Procuradoria-Geral da Fazenda Nacional*, vol. 3, nº 1, (jan/jun.2013), Brasília: PGFN, 2013)

[105] GODOI, Marciano Seabra de. *Questões atuais do Direito Tributário na jurisprudência do STF*. São Paulo: Dialética, 2006, p. 20/22.

[106] RIBEIRO, Ricardo Lodi. A *segurança jurídica do contribuinte*, 2023, p. 188.

[107] STF. RE nº 838.284, Pleno, 19/10/2016, ao tratar da taxa de polícia referente à anotação de responsabilidade técnica, consta da ementa que "o princípio da reserva de lei não é absoluto. Caminha-se para uma legalidade suficiente"; STF RE nº 602.917, Pleno, 29/06/2020, entendeu que: "A reserva legal no âmbito do direito tributário significa que todos os aspectos da regra matriz da hipótese de incidência tributária, seja os elementos antecedentes da norma (material, temporal e espacial), seja os consequentes (quantitativo e pessoal), devem ser taxativamente regulados por lei em sentido estrito. 7. Entretanto, tanto a doutrina tributária mais moderna, quanto esta CORTE SUPREMA, vêm empregando ideia mais flexível do princípio da legalidade tributária".

[108] Termo expressamente referido no voto do Min. Rel. Dias Toffoli no RE 838.284/SC, bem como na ementa do RE nº 704.292, Pleno, 19/10/2016.

A realidade parece confirmar o uso de conceitos jurídicos indeterminados pelos diversos ordenamentos jurídicos,[109] validado, assim, pelos respectivos tribunais.

1.6. A construção da reserva legal absoluta adequada ao Estado Democrático de Direito: exigência de determinação da lei e os conceitos jurídicos indeterminados no Direito Tributário

Conquanto os "conceitos jurídicos indeterminados" sejam uma categoria da Teoria Geral do Direito,[110] dizer de sua (im)possibilidade passa pela expressão que a legalidade assume nos diversos ramos do Direito dos respectivos ordenamentos jurídicos. Então, é preciso situar a legalidade tributária em relação ao quadro geral do império da lei no Estado de Direito, questionando acerca de suas peculiaridades, efeitos, pressupostos etc.

Nesse sentido, enquanto o princípio da preeminência de lei delimitava o exercício da função administrativa ao campo que não contrariasse a lei, a chamada reserva legal exige que a atuação só ocorra quando respaldada na lei, sendo que, no Direito Tributário,[111] tal como

---

[109] Em Portugal, o art. 11º do CIVA, que dispõe que o Ministro das Finanças poderá determinar a sujeição a impostos de algumas das atividades isentas, quando tais isenções ocasionem "distorções significativas da concorrência"; também o "manifesto interesse cultural" nos arts. 56, n. 2, "c", e 39, n. 1, "b", do CIRC; a não dedutibilidade ao lucro tributável das despesas de representação que a DGCI "repute exageradas" (art. 41, n. 1, "g", CIRC); os "custos padrões que conduzam a desvios significativos" do art. 25, n. 2, do CIRC etc. No Brasil, mencione-se os insumos na geração de créditos de PIS/COFINS não cumulativos (art. 3º, II, Lei nº 10.833/03) etc.

[110] O problema dos conceitos indeterminados está no cerne da metodologia jurídica. (...) A problemática da tipicidade, entendida como princípio da determinação (*Tatbestandbestimmtheit*), absorve em boa parte a dos conceitos indeterminados. (TORRES, Ricardo Lobo. "A legalidade tributária e os seus subprincípios constitucionais" In: *Revista de Direito da Procuradoria-Geral do Estado do Rio de Janeiro*. Rio de Janeiro, nº 58, 2004, p. 202)

[111] Como diz Laves: "De fato, se a legalidade é um pressuposto do Estado de Direito, ela assume notas distintivas no direito tributário, a partir da diferenciação entre preeminência de lei e reserva de lei." (LAVES, Raphael Assef. "Tipicidade fechada,, determinação e cognoscibilidade", 2019, p. 360), ao que podemos complementar com *Xavier*, quando diz que: "O principio da preeminência da lei (*Vorrang des Gesetzes*), principio da legalidade em sentido amplo, fórmula negativa ou regra da conformidade, traduz-se basicamente na proposição de que cada acto concreto da Administração é inválido, se e na medida em que contraria uma lei material (...) Se o principio da preeminência da lei representa muito mais a defesa da própria ideia de generalidade – da *volonté générale* – numa fase de evolução do poder administrativo concebido essencialmente como ampla esfera de autonomia ou mero âmbito de licitude, que a lei se limitava exteriormente a demarcar, já o principio da reserva de lei desempenha essencialmente uma função de garantia dos particulares contra as intervenções do poder". (*Conceito e natureza do acto tributário*, 1972, p. 282)

no Direito Administrativo, a circunstância de a administração interpor-se entre a lei, o cidadão e os tribunais traz uma perspectiva funcional que deve ser acomodada segundo valores democráticos e de justiça.

A este respeito, costuma ser diferenciada uma reserva absoluta e relativa de lei, conforme explica *Sérvulo Correia*:

> A pura habilitação para a produção jurídica do acto administrativo sem pretensão de predeterminar o seu conteúdo traduz uma exigência menos intensa de conformidade entre o acto e a norma que autoriza a sua emissão do que aquela que se verifica se a norma habilitante houvesse de, simultaneamente, estabelecer desde logo o regime que o acto coubesse aplicar. É esse motivo pelo qual deparamos por vezes com o emprego dos termos reserva absoluta e reserva relativa na acepção de legalidade substancial e legalidade formal, respectivamente. Assim sucede sobretudo no âmbito de sistemas em que a lei do parlamente ocupa ela sozinha o vértice infraconstitucional da pirâmide normativa. Nesses casos, a reserva absoluta significa a área sobre a qual deve ser a lei formal a estabelecer a primeira disciplina material e a reserva relativa aquela em que a lei formal pode delegar noutros tipos de actos a fixação não predeterminada do regime de certos ascpetos da vida social.[112]

Como a reserva geral da lei para intervenções na liberdade e propriedade, a reserva legal tributária tem também dois componentes, o componente formal-estatal da segurança jurídica e o componente material-estatal da justiça democraticamente legitimada,[113] todavia, aponta-se que a legalidade tributária teria uma expressão diferente da legalidade administrativa[114] ou da legalidade em geral,[115] tendo em vista o especial relevo da segurança jurídica e dos direitos fundamentais envolvidos no campo das imposições tributárias, de maneira que enquanto o Direito Administrativo se contentaria com uma mera reserva relativa de lei, o Direito Tributário exigiria uma reserva absoluta, agregando à legalidade um conteúdo adicional, qualificando-a em matéria de instituição e majoração de tributos. A legalidade tributária

---

[112] CORREIA, José Manuel Sérvulo. *Legalidade e autonomia contratual nos contratos administrativos,* 1987, p. 310/311.

[113] TIPKE, Klaus; LANG, Joachim. *Direito Tributário.* vol. 1, 18ª ed. Porto Alegre: Sergio Antonio Fabris, 2008, p. 236.

[114] Disse *Xavier*: "Sabe-se que o Direito Administrativo se contenta, em geral, com uma simples reserva de lei material, bastando-lhe a mera garantia da generalidade que o regulamento faculta. Mas no Direito Tributário sempre se entendeu ser de tal modo intensa a intervenção na propriedade dos particulares em que os tributos se traduzem, que se reputou indispensável rodear tal intervenção das garantias da lei formal. Não declarou o juiz Marshall, em fórmula lapidar, que "the power to tax in volves the power to destroy". (XAVIER, Alberto. *Conceito e natureza do acto tributário,* 1972, p. 285)

[115] GODOI, Marciano Seabra. "O quê e o porquê da tipicidade tributária". In: RIBEIRO, Ricardo Lodi; ROCHA, Sergio André (coords.). *Legalidade e tipicidade no Direito Tributário.* São Paulo: Quartier Latin, 2008, p. 73.

seria, assim, específica e de maior rigor, por decorrência da reserva absoluta, de modo que a instituição dos tributos se dá não apenas com base legal, mas diretamente através da lei. Nas palavras de *Paulsen*:

> A legalidade tributária exige que os tributos sejam instituídos não penas com base em lei ou por autorização legal, mas pela própria lei. E só a lei é permitido dispor sobre os aspectos da norma tributária impositiva: material, espacial e temporal, pessoal e quantitativo. Daí porque muito já se falou em reserva absoluta de lei ou de legalidade estrita.[116]

Nesse contexto, fácil perceber que a reserva legal absoluta se liga ao que expusemos acima acerca da tipicidade, e a razão disso é simples: a tipicidade é uma expressão da reserva legal, que a configura como uma reserva absoluta. Daí por que alguma doutrina impinja a tipicidade de inútil,[117] o que não acolhemos dado seu uso como conceito dogmático explicativo que já faz parte da tradição jurídica e que não necessariamente compromete, antes, se bem compreendido, contribui para o raciocínio.

Mas é necessário apontar que a reserva absoluta por vezes é confundida com a necessidade de determinação precisa dos elementos do *Tatbestand*,[118] a afastar o uso de conceitos jurídicos indeterminados, o que remete à própria confusão entre os conceitos de tipicidade e princípio da determinação, já esclarecida acima. Nessa medida, dizer que no Direito Tributário vige uma reserva absoluta, não conduz necessariamente a uma "tipicidade fechada". Ficamos pela corrente que diferencia a tipicidade do princípio da determinabilidade, ao mesmo

---

116 PAULSEN, Leandro. *Curso de direito tributário completo*. 11ª ed. São Paulo: Saraiva, 2020, p. 138. Nesse sentido, conferir também: PAULSEN, Leandro. *Direito tributário: Constituição e Código Tributário à luz da doutrina e da jurisprudência*. 12ª ed. Porto Alegre: Livraria do Advogado, 2010, p. 161.

117 "Na doutrina se têm manifestado algumas vozes contra a necessidade de um princípio da tipicidade fiscal, pois ele nada acrescentaria ao princípio da legalidade, não teria por isso uma função autônoma e constituiria uma fórmula tautológica". (DOURADO, Ana Paula. *O princípio da legalidade fiscal*, 2019, p. 229, especialmente a nota de rodapé nº 577) A autora cita: *Klaus Volgel/Walter, Becker/Riewald/Koch, Klaus Tipke, Rolf-Detlev Scholtz, Hartmut Hahn*. Nesse sentido, pode-se fazer referência a um princípio da reserva legal com três facetas: (a) procedimental, a exigir que as decisões resultem de um procedimento previsto constitucionalmente; (b) competencial, a impor que determinadas matérias estão sob o domínio do parlamento; e (c) conteúdo material, segundo o qual a lei, para cumprir sua função, deve ser suficientemente determinada. Esta última pretende substituir o princípio da tipicidade. ob cit., p. 229.

118 A expressão *reserva absoluta* é empregada no direito tributário para expressar a possibilidade de pleno fechamento dos conceitos jurídicos e para restringir a competência da Administração no exercício do poder regulamentar. Encontra seu sinônimo na expressão *reserva total*, tão ao gosto dos alemães (*Totalvorbehalt*). (TORRES, Ricardo Lobo. "A legalidade tributária e os seus subprincípios constitucionais" In: *Revista de Direito da Procuradoria-Geral do Estado do Rio de Janeiro*. Rio de Janeiro, nº 58, 2004, p. 198). Assim também: XAVIER, Alberto. *Conceito e natureza do acto tributário*, 1972, p. 292; GODOI, Marciano Seabra de. "O quê e o porquê da tipicidade tributária", 2008, p. 81.

passo que diferencia reserva absoluta de exigências de determinação precisa e unívoca da lei, como o faz *Ribeiro*:

> As expressões legalidade em sentido estrito e reserva absoluta de lei, repita-se, referem-se à necessidade de a lei ser o veículo normativo da exigência tributária, não se traduzindo em tipicidade cerrrada ou fechada. (...)
>
> A reserva absoluta, como aqui denominada, não impede a valoração pelo aplicador dos conceitos indeterminados contidos na lei. Os citados fenômenos não se confundem com a atribuição de poder normativo criador de obrigação a partir de um juízo subjetivo conferido por uma mera habilitação legal da autoridade, o que é admitido na legalidade administrativa e rechaçada pela legalidade tributária.[119]

Portanto, ao fim e ao cabo, é o princípio da tipicidade, conformador da reserva absoluta, que marca a diferença entre legalidade administrativa e tributária,[120] decorrência de uma especial exigência de legalidade, fundamentada em que as considerações de segurança jurídica na área do Direito Administrativo nunca conseguiriam absorver as necessidades de conveniência e oportunidade na atuação administrativa, por isso o princípio da legalidade contenta-se com uma reserva relativa de lei; já no Direito Tributário, a segurança jurídica se moveria em primeiro plano; é a segurança jurídica que conduz o princípio da legalidade tributária a uma reserva formal absoluta. Assim, concordamos com *Godoi* quando diz que "a tipicidade existe para elevar a um grau qualificado a certeza e a segurança jurídica no âmbito do direito tributário",[121] mas não concordamos com a necessidade que ele retira disso de uma exaustividade, precisão e delimitação conceitual que afastem o uso de conceitos indeterminados. Com *Tipke/Lang*, podemos concluir sobre a reserva legal absoluta que:

> Legalidade da imposição na forma de reserva legal significa: Executivo e Judiciário não podem inventar nenhum tributo. Todo tributo precisa de um fundamento legal. A legalidade da imposição exige que tanto o tipo como as conseqüências jurídicas precisam ser previstos na lei. (...) agentes fiscais e juízes tributários não podem assentar

---

[119] RIBEIRO, Ricardo Lodi. *A segurança jurídica do contribuinte*, 2023, p. 104 e 107. No mesmo sentido, defendendo uma reserva absoluta compatível com conceitos indeterminados: PAULSEN, Leandro. *Curso de direito tributário completo*. 2020; PAULSEN, Leandro. *Direito tributário*. 2010, p. 161 e 167.

[120] Explicando essa linha de defesa, *Dourado* diz que a diferença entre legalidade administrativa e legalidade tributária se baseia em uma maior exigência desta última exigida pelo princípio da tipicidade, que impõe uma reserva exclusiva de lei parlamentar para definição do *Tatbestand* de garantia, do que decorreria a impossibilidade de delegação legislativa, de discricionariedade e uma barreira aos atos infralegais, que somente poderiam complementar a lei, mas não substituí-la. Assim, "o princípio da tipicidade dos impostos permitiria (supostamente) introduzir uma nota distintiva fundamental entre a legalidade fiscal e a legalidade administrativa." (DOURADO, Ana Paula. *O princípio da legalidade fiscal*, 2019, p. 274).

[121] GODOI, Marciano Seabra de. "O quê e o porquê da tipicidade tributária". 2008, p. 83.

> nada segundo sua discrição; o tributo deve resultar da lei mesmo quanto ao montante. Exceções necessitam de autorização legal.
>
> Entretanto ao conceito de tipicidade da imposição também está ligado um outro sentido: sujeito passivo (*Steuersubjekt*), objeto imponível (*Steuerobjekt*), base imponível (*Steuerbemessungsgrundlage*) e alíquota (*Steuersatz*) devem resultar de uma lei formal – não de uma norma jurídica qualquer. Isso redunda em uma reserva parlamentar.[122]

Assim, a reserva legal absoluta vige no Direito Tributário e nele possui um matiz peculiar que a diferencia da legalidade em geral e da legalidade administrativa, mas isso não induz, necessariamente, que imponha predeterminação absoluta dos termos legais, embora a densidade normativa exigível seja uma de suas dimensões. São questões diferentes a que diz respeito ao "quê" da norma de imposição tributária deve ser previsto por lei formal, e ao "quanto" de determinação desses aspectos devem ser trazidos pela própria lei. A análise desse segundo aspecto pode ser feita no âmbito do princípio da determinabilidade (*Grundsatz der Bestimmtheit*), que quantifica a tipicidade e juntamente com essa traça o perfil da reserva legal, como um de seus elementos e como corolário da legalidade, reserva da lei, separação dos Poderes e proteção da confiança do contribuinte. Logo, é preciso que se "desmistifique" a ideia equívoca que circunda a reserva absoluta, é preciso que se desconstrua a noção que atrela o termo "reserva legal absoluta" à completa e precisa determinação linguística da qual decorra apenas uma operação lógico-subsuntiva de aplicação/interpretação da lei.

Como concluiu *Torres*,[123] a tipicidade não se confunde com o princípio da determinação, referindo que esse princípio da determinação se expressou, na tradição ibérica, com especial ressonância no Brasil, como princípio da tipicidade, pela confusão feita entre o tipo legal e o fato gerador abstrato (*Tatbestand*), que o agasalha. *Misabel Derzi*, no Brasil, e *José de Oliveira Ascensão*, em Portugal, denunciaram o equívoco. Os penalistas brasileiros cometeram também o mesmo erro, diluindo a tipicidade no *Tatbestand*. O melhor exemplo dessa orientação, no direito tributário, se encontra na obra de *Alberto Xavier*. Mas outros autores portugueses[124] e espanhóis[125] igualmente assimilaram o

---

[122] TIPKE, Klaus; LANG, Joachim. *Direito tributário*, 2008, p. 238.

[123] TORRES, Ricardo Lobo. "O princípio da tipicidade no direito tributário" In: RIBEIRO, Ricardo Lodi; ROCHA, Sergio André (coords.). *Legalidade e tipicidade no Direito Tributário*. São Paulo: Quartier Latin, 2008, p. 149/150.

[124] GOMES, Nuno Sá. *Estados sobre a segurança jurídica na tributação e as garantias dos contribuintes*. Lisboa: Centro de Estudos Fiscais, 1993, p. 83.

[125] GARCÍA NOVOA, César. *El principio de Seruridad Jurídica em Materia Tributaria*. Madrid: Marcial Pons, 2000, p. 114.

princípio da tipicidade ao da determinação do fato gerador, com reflexos sobre a doutrina brasileira.

O âmbito normativo da reserva legal absoluta, no aspecto do princípio da determinabilidade, é fortemente determinado pela compreensão de segurança jurídica adotada. A este respeito, em primeiro lugar, é preciso enfrentar um argumento comum segundo o qual da lei tributária deve resultar a possibilidade dada ao contribuinte de conhecer e computar os seus encargos tributários com base direta e exclusivamente na lei, numa suscetibilidade de previsão objetiva por parte dos contribuintes, de modo que também o órgão aplicador possa descobrir direta e exclusivamente seu conteúdo sem intervenção de momentos subjetivos ou valorações.[126]

Tipke e *Lang*[127] assinalam que um Direito Tributário que até mesmo ao leigo possibilite "calcular de antemão" sua carga tributária não é "factível", nem existe em parte alguma do mundo. *Casalta Nabais* diz ser altamente questionável que a tributação, por ser conhecida ou cognoscível aos contribuintes com base exclusivamente no teor ou sentido possível da lei, confira segurança jurídica, pois a ideia de que os contribuintes conhecem e compreendem eles próprios as leis fiscais, afetadas em geral de hipertrofia e de ultratecnicismo, não passa de pura ficção; e que o princípio da determinabilidade jamais teria o condão de possibilitar, sobretudo a um leigo, calcular antecipadamente o seu encargo fiscal.[128] Para *Dourado*, o próprio entendimento da determinação identificada com a previsibilidade dos efeitos imediatamente através da lei, foi, na prática, abandonado, e a linguagem cada vez mais técnica não pode ser apreendida pelo contribuinte laico, porquanto não se pode pretender que este consiga prever imediatamente, através de uma lei determinada, a sua carga fiscal, de forma que a necessidade de uma "previsão decorrente imediatamente da lei" deixou de ser um argumento válido.[129] [130]

---

[126] Por todos, citem-se: CAMPOS, Diogo Leite. "A "total impossibilidade de prever o futuro e os impostos". In: *Revista de Finanças Públicas e Direito Fiscal.* Ano III, nº 3, outubro, Almedina, 2010, p. 180/181; GODOI, Marciano Seabra de. "O quê e o porquê da tipicidade tributária". In: RIBEIRO, Ricardo Lodi; ROCHA, Sergio André (coord.). *Legalidade e tipicidade no Direito Tributário*, São Paulo: Quartier Latin, 2008, p. 89; XAVIER, Alberto. *Conceito e natureza do acto tributário,* 1972, p. 297/298; *Os princípios da legalidade e da tipicidade da tributação,* 1978, p. 99); etc.

[127] TIPKE, Klaus; LANG, Joachim. *Direito Tributário*, 2008, p. 246.

[128] O *dever fundamental de pagar impostos*, 2015, p. 388 e 356, respectivamente.

[129] O *princípio da legalidade fiscal*, 2019, p. 337/338 e 345. No mesmo sentido ALMEIDA, Daniel Freire e. "O princípio da legalidade fiscal como critério orientador da garantia dos contribuintes", 2013, p. 1101.

[130] "A previsibilidade e calculabilidade do imposto, tendo em conta a complexidade dos ordenamentos tributários atuais e a coexistência da legalidade com princípios constitucionais ma-

Ribeiro[131] chega a dizer que a determinação absoluta nem sequer deve ser assumida como um ideal inatingível a ser buscado, porquanto o detalhamento excessivo acaba por gerar maior indeterminação, uma vez que o excesso de pormenores faz com que, inexoravelmente, vários traços da realidade deixem de ser contemplados e que quanto mais se pormenorizar, mais lacunas serão geradas, em prejuízo à justiça fiscal. Por outro lado, *Vasconcellos*[132] diz que não é razoável exigir do cidadão comum que consulte um advogado toda vez que precisar lidar com leis tributárias. Se a legislação é para ser aplicada a todos, seu conteúdo deve ser suficientemente claro para que os contribuintes possam entendê-la sem que tenham que gastar mais tempo e dinheiro. Por fim, não se pode esquecer que há muitas situações em que o não-pagamento de tributos pode levar à violação da lei penal.

Acerca desse tema, *Timothy Endicott* entende que o Direito pode vir a ser usado como guia para conduta, mas não deve-se conceber isso como um âmbito de decisões precisas antecipadamente colhidas pelas pessoas. Confira suas palavras:

> Si volvermos al principio organizativo de Raz – las personas deben ser capaces de usar el Derecho como uma guía para su conducta – entonces eso tienta a seguir insistiendo que la vaguedad siempre es um déficit, porque hay aspectos em los que las personas relamente no podem guiarse por una regla vaga (donde sí podrían guiarse por uma regla precisa similar)...
>
> Podríamos decir que el ideal del império de la ley es incoherente si exige que um abogado debe ser capaz de dar respuestas *precisas* a tales preguntas. Pero no es incoherente si simplesmente exige que el Derecho debe ser útil al abogado para aconsejar a su cliente.
>
> Para dar sentido ao princípio organizativo del ideal, tenemos que distinguir entre utilizar el Derecho como guía para la conducta, y utilizarlo para dictar un resultado en cada posible caso. Tenemos que encontrar un sentido "guía" en el cual la exigência de juicio dentro de um plazo razonable pueda guiar la conducta. Por supuesto que esto último es posible (...)
>
> La noción de "guía" sería uma noción incoherente si no considerásemos algo como uma guía salvo que conteste todas las interrogantes. Ningún mapa, por ejemplo, sería

---

teriais, não deve ser entendida necessariamente como um cálculo antecipado do imposto pelo contribuinte leigo a partir da lei do Parlamento, e que aliás o nosso Tribunal Constitucional rejeita (Acs. nº 233/94, 756/95 e 236/01)". (MEDEIROS, Rui; MIRANDA, Jorge. *Constituição portuguesa anotada*. 2ª ed., v. II, Lisboa: Universidade Católica Editora, 2018, p. 203)

131 RIBEIRO, Ricardo Lodi. *A segurança jurídica do contribuinte*, 2023, p. 145 e 150. Diz o autor "a extrema precisão da linguagem só pode ser alcançada à custa do esvaziamento do conteúdo e do sentido." (ob. cit. p. 151).

132 VASCONCELLOS, Roberto Prado de. "Conceitos jurídicos indeterminados e a incerteza no controle judicial tributário. In: *Revista Tributária e de Finanças Públicas*, v. 69, São Paulo: RT, 2006, p. 203/242.

uma guía, y ninguma promessa vaga podría guiar nuestra conducta. La noción de guía sólo puede ser coherente si considerarmos a algo como uma guía cuando se cumple com esa necesidad.[133]

Nesse contexto, tem sido difícil precisar as exigências de determinação da lei e, assim, dos limites para utilização dos conceitos jurídicos indeterminados,[134] chegando *Papier* a dizer que "não há conceito indeterminado (*den unbestimmten Rechtsbegrif*), senão que existe uma escala escorregadia entre a determinação normativa e a indeterminação (*Normvestimmtheit bzw-unbestimmtheit*), e a partir dela ninguém sabe dizer qual o grau de indeterminação (*Unbestimmtheit*) que deve ser considerado proibido pela Constituição", concluindo que "ninguém sabe exatamente o que é direito tributário válido (*geltendes Recht*); o direito tributário e desenhado como loteria (*als Loterrie*)".[135] Sobre o assunto, podemos visualizar duas perspectivas diferentes que reconhecem que: (a) a precisão da linguagem deve ser sobremaneira intensa de modo a afastar qualquer valoração interpretativa, o que conduz à "tipicidade fechada" e uma aplicação lógico-subsuntiva, rejeitando-se a abertura da linguagem com o objetivo de tornar absolutamente previsível o comando normativo, o que expulsa os conceitos jurídicos indeterminados do âmbito da imposição tributária; e a que (b) admite uma abertura da linguagem tanto em razão da sua inafastabilidade quanto das necessidades da regulação normativa atenta aos valores de justiça, o que permite o uso dos conceitos indeterminados, que somente podem ganhar concretização no caso concreto; sendo que, como refere *Almeida*: "Reconhece-se actualmente que o Direito Fiscal prossegue objectivos que se encontram numa relação de tensão, desde logo porque uns dizem respeito aos interesses individuais de cada contribuinte e outros ao interesse colectivo. Como consequência, o princípio da legalidade fiscal, que protege em primeira linha o interesse individual, está numa relação de tensão com outros princípios constitucionais que exigem uma menor densificação legal".[136]

O dogma da "tipicidade fechada" começa a perder espaço. Não só a doutrina vem reconstruindo o sentido do princípio da segurança

---

[133] *La vaguedad em el Derecho*, 2006. p. 295/297.

[134] Como anota *Schoueri*, a "questão não é, assim, se cabem conceitos indeterminados em matéria tributária; é, sim, até que grau são eles admissíveis." (ob. cit., 2023, p. 940).

[135] PAPIER, Hans-Jürgen. Der Bestimmtheitsgrundsatz, in Karl Heinrich FRIAUF (ed.), *Steuerrecht und Verfassungsrecht*, p. 67 e 70, *apud* TORRES, Ricardo Lobo. "O princípio da tipicidade no direito tributário", 2008, p. 152.

[136] ALMEIDA, Miguel Real. "O princípio da legalidade fiscal como critério orientador da garantia dos contribuintes". In: *Garantias dos Contribuintes no Sistema Tributário*: Homenagem a Diogo Leite de Campos. São Paulo: Saraiva, 2013, p.1080.

jurídica, como também o Poder Judiciário vem demonstrando que a concepção antiga centrada na determinação normativa e na idolatria da chamada "tipicidade fechada" já não é mais capaz de responder aos desafios atuais. Essa perspectiva, que traz subjacente a adoção de uma teoria cognitivista da intepretação,[137] um normativismo-conceitualista, realmente desaba ante a constatação de que o legislador não pode proceder a valorações definitivas através de uma suposta predeterminação legal do conteúdo das decisões,[138] e que o papel valorativo do aplicador é inafastável.

A postura positivista formalista tem um apego ideológico exagerado à literalidade de uma lei causuística que privilegia em demasia a segurança jurídica, relegando a segundo plano a justiça, o que abre espaço a um sistema tributário iníquo, em que os assalariados suportam a maior parte da carga tributária, enquanto as grandes empresas e as pessoas que mais deveriam contribuir conseguem esquivar-se de seu dever de solidariedade, dado que estas se utilizam de planejamento fiscal, não raro baseado em elisão abusiva, o que deixa como promessas vazias as previsões constitucionais de isonomia, capacidade contributiva e justiça fiscal.[139] Como bem exposto por *Casalta Nabais*,[140] a concepção positivista tem subjacente uma concepção de homem soberano isolado, no contexto de um Estado inimigo das liberdades, e, de outro lado, que ao contribuinte assistiria um interesse em pagar o menos possível de impostos, como se lhe assistisse um direito fundamental de não pagar tributos, e não de uma pessoa socialmente solidária, no quadro de um Estado amigo das liberdades e seu promotor face àqueles cidadãos que não as podem obter em sede de funcionamento do sistema econômico de mercado. Como exposto acima, atualmente, o sistema tributário não deve apenas ser visto na ótica de uma relação vertical Estado-contribuinte, mas também como uma relação horizontal entre todos em uma sociedade de risco, ambígua e fluida, o que caracteriza um contribuinte destinatário de um dever fundamental de

---

[137] Nesse sentido: LAVES, Raphael Assef. "Tipicidade fechada,, determinação e cognoscibilidade: a legalidade entre conceitos indeterminados e cláusulas gerais". In: *Revista de Direito Tributário* Atual, nº 43, ano 37, p. 356-385. São Paulo: IBDT, 2º semestre 2019.

[138] As leis não são uma coleção de decisões individuais pré-fabricadas. Pelo contrário, elas contêm normas em princípio genericamente abstratas, mais ou menos abertas, cuja aplicação à realidade, a conjunto de fatos, individualmente concretos, não constitui apenas uma tarefa de identificação das informações já contidas na lei, mas exige um processo de múltiplas camadas de conhecimento e decisão.

[139] Cf. RIBEIRO, Ricardo Lodi. *A segurança jurídica do contribuinte*, 2023.

[140] NABAIS, José Casalta. *O dever fundamental de pagar impostos*, p. 386.

pagar tributos[141] e, consequentemente, interessado numa tributação conforme a igualdade.

Ademais, a simplicidade de um sistema fiscal clássico diferencia-se substancialmente na fiscalidade contemporânea, que é altamente complexa, marcada por atos-massa, com forte carga fiscal, baseada em impostos tendencialmente sintéticos, progressivos e que visa a atingir uma igualdade efetiva dos cidadãos mediante as diversificadas e complexas manifestações de capacidade contributiva, constante e rapidamente mutáveis.[142] A massificação das relações jurídico-fiscais e as exigências de uma tributação que se preocupa com critérios materiais de justiça a reclamar uma capacidade contributiva efetiva (real), não são condizentes com as pretensões de um legislador omnipotente, capaz de levar a disciplina jurídica até os mais detalhados pormenores. Tal realidade recomenda que se reconheçam os limites do legislador, que não deve embrenhar-se em missões impossíveis, devendo a legalidade fiscal deixar de ser entendida num sentido que só o Estado liberal suportava e que não tem correspondência na estadualidade contemporânea. Nessa lógica, *Rocha*[143] reconhece que, em face da complexidade do sistema tributário, não há como o Estado deixar de lançar mão da ideia objetivada na praticabilidade[144] de facilitar a execução e a fiscalização da lei tributária, pois os fiscos não dispõem de recursos técnicos, administrativos ou de pessoal suficientes para, satisfatoriamente, dar conta de uma atenção individual a todos os fatos jurídicos tributários; mas também porque uma tributação indivi-

---

141 Segundo *Paulsen*, atualmente, não se pode admitir uma visão dos tributos como um mal necessário que deva ser restringido, tampouco uma visão simplista de um Direito Tributário voltado unicamente para a proteção da segurança jurídica do contribuinte. Para o mencionado autor, o Direito Tributário deve ser encarado como "um instrumento para a própria preservação da liberdade e da propriedade, para a promoção de valores importantes para a sociedade e para a efetivação de direitos sociais", sem, contudo, se afastar da premissa de que o conteúdo do princípio da segurança apresenta-se de modo mais completo no Direito Tributário do que em outros ramos do Direito. (PAULSEN, Leandro. *Segurança jurídica, certeza do Direito e tributação,* 2006, p. 64/65)

142 Conforme *Domingues,* "a realidade jurídico-tributária é sabidamente conexa à cambiante realidade econômica, pois a tributação ou incide sobre fatos-signos de riqueza ou é graduada em virtude dela, daí porque se entende ser a correspondente linguagem naturalmente e necessariamente aberta em função da evolução dos fatos e da ciência" (José Marcos. "Legalidade Tributária: o princípio da proporcionalidade e da tipicidade aberta", in: *Legalidade e tipicidade no Direito Tributário,* 2008, p. 65.)

143 ROCHA, Eduardo Morais da. *Teoria institucional da praticabilidade tributária*, 2016, p. 419.

144 Praticabilidade é o nome que se utiliza para abranger os meios que podem ser utilizados para tornar mais simples e viável a execução das leis. É um princípio geral ligado à economicidade e exequibilidade, estando ligado ao que é praticável, factível, exequível, realizável. Assim, tem relação profunda com a efetividade das normas tributárias, notadamente como instrumento necessário à aplicação maciça da lei.

dualizada ou com base em termos legais com alta precisão propiciaria a fraude, a evasão e sonegação fiscais, de forma que esse conjunto de fatores justifica a tributação massificada, refletida na praticabilidade, sobre a qual vêm a calhar as palavras de *Costa*:

> A noção de praticabilidade é relevante para a viabilização da vontade estatal, manifestando-se, precipuamente, por meio da lei, na medida em que seus comandos devem ser executados em massa. No campo tributário tal circunstância é sentida em grande dimensão, haja vista a rápida e automática multiplicação das relações jurídico-tributárias. Com efeito, ostentando tais relações de natureza *ex lege*, a praticabilidade encontra nelas campo fértil para disseminar amplamente os seus efeitos.
>
> A progressiva complexidade das relações sociais e, assim também, das relações jurídicas remete o legislador à busca pela paulatina simplificação de modelos, diminuição de variáveis e padronização de procedimentos a serem observados pelos contribuintes.[145]

Outrossim, a hipertrofia e complexidade técnica da legislação tributária podem, de certa forma, ser relacionadas com a pretensão de "perfeccionismo" que dá guarida à ideia de determinabilidade dos tributos. Em nome de uma previsibilidade e calculabilidade baseadas exclusivamente na lei, essa ideia de determinabilidade induz à diversificação e pormenorização da disciplina jurídico-fiscal, que acaba por conduzir à frequentemente situação de não se saber qual o direito efetivamente vigente e/ou qual seu exato alcance e significado, o que gera a insegurança jurídica que a própria tese que exige a precisão linguística busca combater, a demonstrar que esse não é o caminho para o atingimento dos propósitos que a mesma enuncia perseguir.[146] Além disso, quanto mais o legislador tenta pormenorizar, maiores lacunas acaba por originar relativamente aos aspectos que ficam à margem dessa disciplina, aspectos estes que, como facilmente se compreende, variarão razão inversa daquela pormenorização, o que facilita a existência de evasões fiscais,[147] comprometendo a justiça, porque a busca por uma densidade altamente precisa não se compadece com

---

[145] COSTA, Regina Helena da. *Curso de Direito Tributário*, 2022, p. 159.

[146] NABAIS, José Casalta. *O dever fundamental de pagar impostos*, 2015, p. 382; LAVES, Raphael Assef. "Tipicidade fechada, determinação e cognoscibilidade", 2019, p. 368.

[147] Como bem observa *Reis*, a "elisão fiscal, facilitadas pela hipertrofia da legislação tributária, provocada pela utilização de conceitos fechados para a descrição das qualificadoras dos fatos tributáveis e dos elementos de definição e quantificação do dever jurídico, tudo sob a guarda do princípio da segurança jurídica, um dos pilares do Estado de Direito" e também que: "A atenuação do princípio da determinabilidade vai de encontro com o princípio da capacidade contributiva e da praticabilidade – na finalidade estrita de combate à sonegação fiscal, na medida em que permite uma luta eficaz contra a fraude e evasão fiscal, diminuindo as possibilidades de se utilizar o planejamento tributário, como forma de, mesmo demonstrando capacidade contributiva, se furtar ao dever de pagar impostos". (REIS, Elcio Fonseca. "O Estado Democrático de direito: tipicidade tributária, conceitos indeterminados e segurança jurídica". In *Revista Tributária e de Finanças Públicas*, v. 34, 2000, p. 157/168)

o combate à fraude fiscal, já que deixaria a Administração tributária manietada e, assim, impedida de acompanhar a capacidade inventiva ilimitada das pessoas e da vida.

Assim, o princípio da determinabilidade não significa predeterminação absoluta de todas as situações da vida, nem leva à impossibilidade de adoção dos conceitos indeterminados.[148] Ao que parece, o princípio da legalidade pode chegar a melhores resultados através do recurso a leis que contenham conceitos jurídicos indeterminados do que com uma enumeração fechada.[149] A lei é criada para ser aplicada a todos os casos, cuja multiplicidade é infinita, de modo que não pode nem seria bom que fosse formulada de forma unívoca. Não é possível, nem desejável, o ideal de univocidade da linguagem legal.[150] Os conceitos indeterminados permitem ao legislador e às leis cumprirem sua função,[151] abrangendo os casos relevantes, ao contrário de leis pormenorizadas, cujo detalhamento faz comprometer a finalidade da lei, o que significa que a reserva de lei no Direito Tributário, no atual contexto jurídico, tem que considerar que os conceitos jurídicos indeterminados são imprescindíveis a que a lei cumpra sua finalidade.[152]

Entretanto, como os problema relacionados à legalidade estão intimamente ligados à segurança jurídica, é preciso que se compreenda bem que isso não significa que qualquer indeterminação seja possível,[153] o princípio da determinação possui um conteúdo mandatório

---

[148] Nesse sentido também: TORRES, Ricardo Lobo. "O princípio da tipicidade no direito tributário", In: RIBEIRO, Ricardo Lodi; ROCHA, Sergio André (coords.). *Legalidade e tipicidade no Direito Tributário.* São Paulo: Quartier Latin, 2008, p. 152.

[149] Pense no caso do tributo sobre rendimentos. A enumeração taxativa conduzirá a uma maior imprecisão, no sentido em que certos rendimentos semelhantes ficariam de fora, conduzindo a um tratamento diferente de situações semelhantes.

[150] RIBEIRO, Ricardo Lodi. *A segurança jurídica do contribuinte,* 2023, p. 146.

[151] DOMINGUES, José Marcos. "Legalidade Tributária: o princípio da proporcionalidade e da tipicidade aberta", In: RIBEIRO, Ricardo Lodi; ROCHA, Sergio André (coords.). *Legalidade e tipicidade no Direito Tributário.* São Paulo: Quartier Latin, 2008, p. 63.

[152] No mesmo sentido, admitindo os conceitos jurídicos indeterminados no Direito Tributário: ÁVILA, Humberto. *Sistema Constitucional Tributário*, p. 192; COSTA, Valdés. *Instituciones de Derecho Tributário*, p. 144; DOURADO, Ana Paula. *O princípio da legalidade fiscal*, 2019, p. 326/327; FALCÃO, Amílcar de Araújo. *Fato gerador da obrigação tributária*, p. 112; GRECO, Marco Aurélio. *Planejamento Fiscal e a Interpretação da Lei Tributária*, p. 70; KRUSE, Heinrich. *Derecho Tributário*, 1978, p. 97; NABAIS, José Casalta. *O dever fundamental de pagar impostos*, p. 373; PÉREZ ROYO, Fernado. *Derecho financeiro y Tributário*, p. 46; RIBEIRO, Ricardo Lodi. *Segurança jurídica do contribuinte*, 2023; TORRES, Ricardo Lobo. *Curso de Direito Financeiro e Tributário*, p. 98; VILLAR EZCURRA, Marta. *Las Disposiciones Aclaratorias en La Práctica Jurídica*, 1996, p. 33; dentre inúmeros outros.

[153] Como assinalam *Tipke/Lang*, não se pode renunciar totalmente a cláusulas gerais e conceitos jurídicos indeterminados. Todavia, são inconstitucionais preceitos legais por motivo de extrema quando de qualquer modo não são aplicáveis, exeqüíveis judiciáveis (*justitiabel*). (TIPKE, Klaus; LANG, Joachim. *Direito Tributário,* 2008, p. 246)

que deve ser observado, de modo que não é possível a construção do *Tatbestand* sem que se atenda à densidade exigível, porquanto matérias relacionadas aos direitos fundamentais e princípios constitucionais compelem o legislador à sua observância. De acordo com *Ávila*, a legalidade tributária exige que todas as questões essenciais e com aptidão para permanência devem ser tomadas pelo próprio Parlamento (reserva de essencialidade), mormente no campo do Direito Tributário, que diz respeito à liberdade e à propriedade dos cidadãos. Isso está claro. Mas a reserva de essencialidade exige que o Parlamento se ocupe apenas com questões fundamentais, o que exclui a regulação legal dos problemas atinentes a detalhes.[154]

Observa-se que a generalidade da doutrina que admite o uso de conceitos indeterminados no âmbito tributário, também reconhece a necessidade desse certo conteúdo de densificação do princípio da determinabilidade como a necessidade de uma orientação política suficiente pelo próprio legislador quanto aos elementos essenciais do tributo, de modo que a lei não pode veicular meras diretivas genéricas que deixe à Administração um poder arbitrário ou que implique uma delegação indevida de competência normativa ao Poder Executivo. Todavia, isso é entendido de várias maneiras, que vão desde a necessidade de identificação de seus diversos aspectos independentemente de complementação normativa infralegal,[155] às vezes como uma margem para valoração capaz de dar uma única opção ao aplicador, porque exteriorizam um critério de decisão que já consta da lei,[156] outras como atributiva de uma margem de livre apreciação à Administração que melhor densificará o conceito indeterminado através de atos gerais e abstratos (regulamentos não autorizados),[157] ou mesmo permitindo até colmatação de lacunas se autorizado por lei.[158]

---

[154] ÁVILA, Humberto. *Sistema Constitucional Tributário*, p. 192.

[155] PAULSEN, Leandro. *Direito Tributário*, 2010, p. 162.

[156] RIBEIRO, Ricardo Lodi. *A segurança jurídica do contribuinte*, 2023, p. 189/190.

[157] Para *Dourado*, a reserva de lei postula leis determinadas no sentido de que os casos típicos ou paradigmas devam estar previstos na lei, de forma que a aplicação a todos os casos semelhantes seja feita através de um conjunto de argumentos legais. Assim, a autora admite conceitos indeterminados, desde que a orientação política quanto aos elementos essenciais do imposto permaneça com o parlamento, sendo que um mínimo de densidade é exigível do legislador, os quais conferem margem de livre apreciação administrativa, baseada na defensabilidade das decisões administrativas, a partir da qual irão ser concretizados de tal forma que a carga fiscal seja previsível, sendo que essa margem de apreciação deve ser exercida, preferencialmente, por normas gerais e abstratas e não causuisticamente, mas podendo ser feita por atos infralegais. Não obstante também vê uma densificação subsidiária pelo Judiciário no julgamento dos casos (*O princípio da legalidade fiscal*, 2019, p. 331, 368, 419 e 436). A autora fala em partilha diacrônica do poder no âmbito de uma crise da legalidade, com o que não concordamos. Essa expressão

Na Alemanha, foi desenvolvida a *teoria da essencialidade*[159] para se aferir os marcos de domínio da reserva legal e o grau de densificação exigido, segundo a qual, quanto mais essencial é um assunto, mais precisa e diferenciada deve ser a regulação legal, de modo a atribuir ao Parlamento a competência exclusiva sobre matérias consideradas essencialíssimas, diluindo-se o grau de densidade normativa consoante nível de essencialidade. Ao fim, traduz-se como exigências de determinação relacionadas à essencialidade da matéria. Para *Dourado*,[160] mesmo o princípio da tipicidade fiscal que impõe elementos que devem ser definidos por lei, deve ser interpretado segundo o método da essencialidade – quer na identificação dos elementos mais essenciais que outros, quer quanto ao elemento quantitativo determinação, de maneira a exigir uma determinação suficiente, proibindo tendencialmente a utilização de conceitos muito indeterminados, mas, da mesma forma, não impedindo a sua utilização pelo legislador.

De fato, é preciso reconhecer que, na imposição tributária, o aspecto textual não pode se valer de termos com tal amplitude que gerem uma alta indeterminação que sequer permita ao contribuinte guiar-se, por outro lado, a determinação absoluta e precisa não é factível, além de a atividade lógico-subsuntiva ser uma ilusão. Nessa medida, o busílis de toda a discussão, o desafio a ser enfrentado, centra-se numa determinação linguística suficiente, cuja dificuldade está em aferir o mínimo de determinação legal exigido, porque o texto, como instrumento do legislador, deve ser adequado ao objetivo de se regular o fenômeno tributário através da lei; o texto deve nos dizer algo que, no âmbito tributário, garanta o pluralismo que fundamenta a legalidade tributária contemporânea.

"partilha diacrônia", na verdade, é um eufemismo para dizer que se reconhece à Administração o poder de legislar.

158 NABAIS, José Casalta. *O dever fundamental de pagar impostos*, 2015, p. 382. Ainda segundo o autor "a segurança jurídica reclamada pelo princípio da legalidade não impede em absoluto, como vimos, a atribuição de uma significativa dose de livre decisão à administração, nem exclui, como vamos ver, a aplicação retroactiva das normas fiscais de incidência" (ob. cit. p. 393)

159 Foi a ausência na Constituição alemã de dispositivos que contenham a reserva de lei ou de reserva de competência parlamentar que motivou o surgimento da teoria da essencialidade, dada a necessidade de demarcar tais domínios e a densidade da lei frente aos casos de autorização legislativa de regulamentos administrativos. Nesse sentido, segundo o grau da essencialidade, existe uma sequência de níveis, que vai desde o nível dos assuntos realmente essenciais, que devem ser regulados pelo próprio legislador, seguindo-se o nível dos assuntos pouco, mas ainda essenciais que, com base numa autorização legal, podem ser tratados por regulamentos e, finalmente, os assuntos não essenciais que podem ser regulados pela própria administração. A identificação é relacionada aos direitos fundamentais, concretizando a reserva de lei por determinar quão significativa, importante, fundamental e intensiva é a disciplina legal na perspectiva dos direitos fundamentais.

160 DOURADO, Ana Paula. *O princípio da legalidade fiscal*, 2019, p. 349/356.

Ocorre que, quando se fala que, em nome do princípio da determinação, todos os elementos essenciais da obrigação tributária devem ser definidos pela lei em sentido formal, o que é comum, ou então, que a reserva legal no âmbito da instituição de tributos não se contenta com a mera habilitação legal para atuação administrativa, devendo lei deve ser o veículo que irá regular diretamente a relação jurídica criadora da obrigação tributária, ao fim e ao cabo, nada se diz até onde deve ir tal previsão legal quanto à sua densidade.

Nesse sentido, não parece adequado que se pretenda conceber um método *a priori* preciso que estabeleça a zona limítrofe exata que sirva para aferir o atendimento ao princípio da determinabilidade.[161] As controvérsias entre as diversas teses que comumente partem da premissa de se aceitar conceitos jurídicos indeterminados bem demonstram isso. Os critérios da "suficiência", ou a linha de raciocínio que segue que "a orientação política deve permanecer com o parlamento" ou a "impossibilidade de diretivas genéricas" etc. são, assim como o próprio princípio da determinabilidade que pretendem explicitar, carecedores também de maior concretude, ou seja, são igualmente portadores de uma certa vaguidade de sentido. Assim, entende-se que a própria análise do atendimento à determinabilidade segue critérios valorativos, e necessariamente tem que ser assim, devendo nos referirmos a parâmetros. Um bom parâmetro é dado por *Palma*, ao dizer que a violação à determinação não ocorre diante tão somente de uso de termos menos precisos pelo legislador ou quando o intérprete excede aos limites puramente lógico-formais das palavras; a ofensa à determinação ocorrerá quando a **possibilidade de compreensão e de controle** ficarem comprometidas, quando a linguagem normativa permitir a total manipulação dos conceitos para fins incontroláveis e onde for impossível uma percepção da descrição legal pelos seus destinatários,[162] que pode muito bem ser conjugado com os outros "critérios" citados. Como alertado por *Almeida*,[163] a solução está na recondução do princípio da legalidade, ou do seu controle, à proibição do arbítrio.

A preocupação com a segurança jurídica no Direito Tributário, como não poderia deixar de ser, é comum a todos os juristas, tanto

---

[161] A inviabilidade de uma solução definitiva também é referida em LAVES, Raphael Assef. "Tipicidade fechada, determinação e cognoscibilidade", 2019, p. 368.

[162] Nesse sentido: PALMA, Maria Fernanda. *Direito Penal*, 1994, p. 96/97.

[163] ALMEIDA, Daniel Freire e. "O princípio da legalidade fiscal como critério orientador da garantia dos contribuintes". In: ALMEIDA, Daniel Freire e; GOMES, Fabio Luiz; CATARINO, João Ricardo (orgs.). *Garantias dos Contribuintes no Sistema Tributário*: Homenagem a Diogo Leite de Campos. São Paulo: Saraiva, 2013, p. 1081.

por aqueles que admitem valoração/subjetividade/margem de apreciação pelo intérprete quanto por aqueles que não a admitem. A divergência de opiniões, em verdade, decorre de basicamente duas circunstâncias bem claras: (a) daquilo que para elas significa ser o próprio Direito; (b) das concepções ideológicas adotadas para o exame da questão. A tese normativista-conceitualista vê o Direito como um objeto previamente dado e cuja existência é totalmente independente das atividades concernentes à sua aplicação, o que conduziu a segurança jurídica à teoria da determinação precisa e à vinculação da legalidade tributária à "tipicidade fechada", limitando a discussão a um caráter supostamente unívoco da linguagem, desconsiderando o fato de que esta é naturalmente imprecisa e que o texto da lei pode e deve servir como ponto de partida, mas não serve como resposta pronta, congelada, apartada da realidade social.[164] Além disso, a maneira como a certeza ou a segurança jurídica são construídas não advém apenas de uma abordagem estritamente feita a partir do texto, mas também dos valores e concepções ideológicas com que esse texto é encarado. Nesse sentido, são perceptíveis na adoção da tese da tipicidade fechada de índole normativista-conceitualista as ideias motrizes de um Estado Liberal superado que supervalorizam o papel da segurança jurídica (vista tão somente pelo prisma dos direitos individuais, sem considerar seu aspecto de estabilidade do ordenamento e do mecanismo de financiamento dos serviços públicos) e dão uma importância quase que exclusiva aos valores da propriedade privada e da autonomia negocial, deixando à sombra e à míngua valores como o da função social da propriedade e o da livre concorrência,[165] valores esses que não parecem muito condizentes com a ideologia da atual quadra do Estado Democrático de Direito. Sendo assim, é fundamental deixar às claras que a intersecção ideológica se faz presente,[166] segundo a qual a legalidade tributária será interpretada sob uma tipicidade fechada se a tributação for considerada na ótica de uma invasão do patrimônio, mas se a tributação for considerada como instrumento de redução das desigualdades sociais e regionais, o tipo que consta da lei tenderá a ser interpretado diversamente.

---

[164] Nesse sentido FERRAZ, Andréa Karla. "Legalidade tributária, segurança jurídica e conceitos jurídicos indeterminados". In: *Revista da Procuradoria-Geral da Fazenda Nacional*, vol. 3, nº 1, (jan/jun.2013), Brasília: PGFN, 2013.

[165] Cf. GODOI, Marciano Seabra de. "O quê e o porquê da tipicidade tributária". In. RIBEIRO, Ricardo Lodi; ROCHA, Sergio André (coords.). *Legalidade e tipicidade no Direito Tributário*. São Paulo: Quartier Latin, 2008, p. 93.

[166] Tal atitude de reconhecimento dessa intersecção ideológica na interpretação é sugerida por GRECO, Marco Aurélio. *Planejamento Fiscal e Intepretação da Lei Tributária*. São Paulo: Dialética, 1998, p. 114.

Destarte, no momento atual em que o positivismo parece fracassar ou, ao menos, tenta se reformular para atender às expectativas materiais, existe uma abertura do Direito Tributário à ideia de justiça e a reaproximação desta à segurança jurídica, desencadeando uma convivência entre legalidade e capacidade contributiva, que funciona tanto como legitimação do ordenamento quanto como instrumento na aplicação/interpretação da lei. A época atual necessita de novos paradigmas que exigem a adoção dos conceitos jurídicos indeterminados nas normas de imposição tributária, os quais não ferem a segurança jurídica, antes a viabiliza, na perspectiva de que contribuintes e fisco atuarão em consonância com normas vigentes, razoáveis, adequadas e proporcionais. Certamente não haveria segurança jurídica numa realidade em que sempre houvesse premente necessidade de se modificar a legislação tributária para adaptá-la à realidade, com vistas a abarcar a capacidade contributiva alijada do campo de incidência ou preencher lacunas que possibilitam elisão fiscal. A complexidade, aliada à mutabilidade, encontra nos conceitos "fechados" uma causa de insegurança jurídica.

O passo seguinte, a desenvolver no próximo capítulo, é perquirir as consequências que da adoção dos conceitos indeterminados nas normas de imposição tributária.

Capítulo 2

Indeterminação no Direito, conceitos jurídicos indeterminados e decisão judicial

O presente capítulo partirá da necessária justificativa da perspectiva com a qual se trabalham os conceitos jurídicos indeterminados (paradigma), abordando as razões que levam o ordenamento jurídico a possuir essa complexidade, a revisão teórica da doutrina, sua relação com a discricionariedade administrativa e com o controle judicial.

Com isso, pretende-se descortinar essa *quimera*,[167] colocá-la sob luzes de forma a permitir responder às perguntas que justificam o presente estudo.

2.1. Indeterminação linguística como contexto dos conceitos jurídicos indeterminados: aproximação ao problema

O caráter determinado ou indeterminado do Direito expressa uma inquietude dos juristas[168] e, nesse sentido, a primeira aproximação deve partir da compreensão desta indeterminação no Direito, âmbito no qual os conceitos indeterminados situam-se e ganham sua complexidade. A noção desse contexto é condição mesma do próprio sentido do conceito, e o que permitirá prosseguir à construção a ser proposta.

---

[167] Quimera é uma besta mitológica caracterizada por uma aparência híbrida de dois ou mais animais e a capacidade de lançar fogo pelas narinas. A metáfora da quimera é de Raií Sampaio de Paiva (*Entre o mestre, a quimera e o iceberg*, 2022), entretanto, a expressão já foi usada para designar os conceitos indeterminados por *Less* em 1957, como refere *António Francisco de Sousa* (*Conceitos jurídicos indeterminados no direito administrativo*, p. 24, nota de rodapé nº 15).

[168] Veja-se que *Coleman/Leiter* dizem que "só o cidadão comum, alguns juristas e os estudantes de Direito do primeiro ano do curso, têm uma concepção da lei como sendo determinada". In: COLEMAN, Jules Leslie; LEITER, Brian. "Determinacy, Objectivity, and Authority", *Law and interpretation: Essays in legal philosophy*. Oxford, New York, 1997 (1995), p. 226/227.

Ao se falar de indeterminação no Direito, precisamos partir de uma perspectiva prévia que lhe contextualize, uma forma de se enxergar o fenômeno jurídico e a indeterminação[169] [170] e, nesse sentido, uma opção lhe associa à linguagem dos textos legais, principalmente em países de tradição romano-germânica. Como salienta *Kaufmann*,[171] "o tema Direito e linguagem tem muitas dimensões, nomeadamente, a relação da linguagem do Direito com a cultura, o silêncio da linguagem do Direito, as relações entre a linguagem técnica e a linguagem corrente, a diferença entre a linguagem legal e a da jurisprudência, os aspectos sintáticos, semânticos e hermenêuticos da linguagem do Direito".

Endicott[172] diferencia a indeterminação jurídica, enquanto ausência de uma única resposta correta, da indeterminação linguística no Direito, referente à falta de claridade linguística que poderia levar à indeterminação jurídica, assinalando que as diferentes teorias da linguagem servem de fundamento para diferentes teses acerca da indeterminação. Dado o escopo e limites desse estudo, não nos debruçaremos sobre essas diferentes posições, no entanto, em relação ao Direito, cabe assinalar que surgem 3 entendimentos: (a) tese da "ubiquidade da indeterminação no Direito", pela qual o Direito é *todo* indeterminado; (b) tese da "uniformidade da indeterminação no Direito", segundo a qual o Direito é todo indeterminado na *mesma forma;* (c) tese da "equidimensionalidade da indeterminação no Direito", conforme a qual o Direito é todo indeterminado na *mesma medida*. Nenhuma dessas posições deve ser aceita. O Direito não é todo indeterminado, já que o legislador emprega termos que incorporam significados institucionalmente consolidados, sem lhes atribuir definições estipulativas ou precisadoras que os poderiam alterar, infirmando a inferência feita pelo destinatário quanto à sua delimitação, seja porque várias das indeterminações são apenas aparentes, o que se revela após todos processos linguísticos (semântico, sintático e pragmático);

[169] Como qualquer restrição da amplitude do fenômeno estudado, certamente implicará na exclusão de certos aspectos que passarão a ser considerados como externos, mesmo que na dinâmica do Direito tenham importância muito grande.

[170] Indeterminação em qual sentido? A depender da ótica pela qual se olha o Direito, a indeterminação surge de diferentes modos. Por exemplo, uma perspectiva jusnaturalista não confere tanta importância à incerteza de textos legais; uma perspectiva realista, ao estilo norte-americano, também não reconheceria um grande problema nisso; um olhar de uma teoria discursiva traria novas nuances etc. Logo, a indeterminação no Direito depende da própria concepção desse último.

[171] *Grundprobleme der Rechtsphilosophie*, p. 96; *Rechtsplhilosophie*, p. 107, *apud* DOURADO, Ana Paula. *O princípio da legalidade fiscal*: tipicidade, conceitos jurídicos indeterminados e margem de livre apreciação. Coimbra: Almedina, 2019, p. 344.

[172] ENDICOTT, Timothy. *La vaguedad em el Derecho*, 2006, posição 349.

as indeterminações não são da mesma forma, tendo naturezas distintas e diferente estrutura lógica, conteúdo, objeto, causa, finalidades e modo de determinação; e a indeterminação não se dá sempre na mesma medida, variando de significados mais ou menos indeterminados/determinados.[173]

Dado que o Direito tem que ser expressado em palavras, e que as palavras usadas são sempre potencialmente ambíguas e vagas, interessante, nessa perspectiva, a abordagem feita por *Ávila*,[174] que representa bem o problema, na qual explica que as espécies de indeterminação linguística são diferentes entre si, possuindo requisitos singulares. Adverte que não se pode afirmar que o Direito é indeterminado sem se apontar quais tipos de indeterminação existente e sem demonstrá-la particularizadamente, justificando que "a diferenciação das categorias de indeterminação do Direito postula sua justificação, seja em nome da transparência científica, seja em nome da fundamentação analítica das decisões judiciais".[175] A adequada compreensão é necessária para que não se diga que determinado termo é indeterminado sem que realmente o seja (indeterminação aparente), ou que se confundam os tipos de indeterminação, embaralhando os modos como devem ser enfrentadas e utilizados os conceitos.

Na taxonomia da indeterminação, a exposição das suas diferentes formas e seus diferentes processos linguísticos de densificação são esclarecedores e permitem concluir que somente será efetiva quando a busca por uma resposta por meio de processos linguísticos for necessariamente frustrada; as demais são apenas aparentes. Nesse sentido, a indeterminação linguística[176] exterioriza-se nas situações em que há incerteza quanto ao que foi dito, expressa ou implicitamente (indeterminação semântica) ou quanto à algo diverso do que foi dito, em adição ao que foi dito, ou em decorrência do fato de se ter dito algo (indeterminação pragmática).[177] Assim, fica claro que a imprecisão não

---

173 ÁVILA, Humberto. *Teoria da indeterminação no direito*: entre a indeterminação aparente e a determinação latente. São Paulo: Malheiros/Juspodivm, 2022.

174 Idem.

175 Idem, p. 73.

176 A indeterminação pode ser de 1º ou 2º nível, conforme haja dúvidas sobre a extensão e conteúdo do objeto interpretado ou sobre o que deve ser interpretado respectivamente. Por sua vez, pode ser linguística ou extralinguística, conforme digam respeito aos respectivos planos. Aqui, restringimo-nos à indeterminação de 1º nível linguística. Para maiores esclarecimentos: ÁVILA, Humberto. *Teoria da indeterminação no direito*, ob. cit., 2022.

177 Para se aferir os tipos indeterminação semântica, devemos considerar se a falta de clareza decorre do termo empregado: (a) exigir que sejam fixadas variáveis indexais e expressões sensíveis ao contexto (subdeterminação); (b) comportar dois ou mais significados (ambiguidade); (c) tiver um significado muito amplo, de tal forma que não permita sua adequada compreensão

decorre apenas de indeterminações linguísticas dos enunciados, mas também dos fatos subjacentes à norma.

O significado do termo "inteligente", por exemplo, possui vagueza multidimensional pois atrelado à dimensões variadas (*v.g.* memorização, pensamento abstrato, inteligência emocional, comunicação, criatividade etc.) das quais não se sabe qual utilizar para se chamar alguém de inteligente e, além disso, pode existir um caso-limite em que uma pessoa apresente cada uma delas em um grau que não sejam nem claramente baixo, nem claramente alto. Pode haver dúvidas sobre como sopesá-las: a comunicação é mais importante que a memorização ou pensamento abstrato?

(generalidade de sentido); (d) não permitir concluir pela sua aplicação sobre determinado caso-limite (vagueza); (e) embora não apresente dúvidas sobre sua aplicação aos casos presentes, pode potencialmente vir a apresentar incertezas quanto á casos-limites futuros, tendo em vista o advento de elemento inicialmente não conhecido ou não considerado relevante (vagueza potencial/trama aberta); (f) o falante empregar com literalidade a palavra sem o seu conjunto na frase, permitindo que se infira a existência de conteúdo implícito a especificar o que foi dito (subespecificação).

Para ilustrar, exemplificamos cada uma das formas, respectivamente: (a) na frase "João pediu ao Pedro para polir seu sapato", é necessário precisar à quem se refere o termo "seu"; (b) "banco" como instituição financeira ou lugar para sentar; (c) na frase "um número inteiro maior que 30", embora aplicável à vários referentes, sem se saber qual, não há dúvidas sobre casos-limites; (d) "alto" é um termo que não precisa seus casos-limites, pois não é possível saber, exatamente, quando inicia seu âmbito de aplicação; (e) surgindo um cachorro que não late, como fica a definição de cachorro como um animal que late?; (f) "Estarei em casa mais tarde", significa que estará em casa no mesmo dia, e não um ano depois.

Na indeterminação pragmática pode ocorrer quando dúvida: (a) surge com relação ao que se quis comunicar tendo em vista determinado contexto, mesmo que o termo isoladamente seja determinado (indeterminação conversacional); (b) quanto ao que deva ser considerado verdadeiro, para o que se disse também seja (indeterminação de pressuposição); (c) com relação ao que se quer dizer além daquilo que foi expressamente dito (indeterminação por implicação); (d) no que toca ao que se faz ao dizer algo (ato percolutório) ou ao que se faz dizendo algo (ato ilocutório). Segue exemplos: (a) "cerveja grande" é incerto, no entanto, se digo "me dê uma cerveja grande" após consultar um cardápio com cervejas de 300 e 500 ml, o termo se densifica; (b) "Maria esqueceu de pegar Pedro no aeroporto" pressupõe que ela deveria ter buscado ele; (c) se digo "Tem cerveja na geladeira", significa que, além de ter, o visitante pode servir-se; (d) "você está demitido" não fala sobre o contrato de trabalho, mas rescinde esse contrato, produzindo o efeito ilocutório da rescisão.

Dentre as espécies de indeterminação semântica, a vagueza é marcada pela falta de demarcação dos limites do significado, o que pode trazer incerteza quanto à sua fronteira, podendo ser de vários tipos, conforme a dúvida acerca da aplicação ao caso-limite decorrer de uma só dimensão dominante (vagueza unidimensional); de mais de uma dimensão dominante (vagueza multidimensional); da dúvida acerca da presença acerca de uma ou mais dimensões dominantes (vagueza multidimensional polissêmica); enquadramento do caso no significado com base em padrão valorativo de natureza ao mesmo tempo descritiva e normativa (vagueza multidimensional socialmente típica ou vinculada a *standart* comportamental). A seu turno, a vagueza potencial é uma característica inerente à toda e qualquer linguagem, inclusive a jurídica, na medida em que não se pode antecipar os casos que surgirão no futuro, nem conceber uma linguagem capaz de abarcá-los em todos os seus aspectos.

Nessa ótica textual, a indeterminação poderia trazer diversos impactos ao Direito, especialmente relacionados à segurança jurídica, à previsibilidade, à confiança, à discricionariedade jurídica, à arbitrariedade das decisões judiciais e ao próprio escopo de regulador prévio do ordenamento jurídico. Por outro lado, aponta-se também para a importância dessa indeterminação sob a justificativa de que se prestaria para conferir flexibilidade ao Direito diante da complexidade das sociedades modernas diuturnamente evoluídas e jogada à constantes novidades.

Como se verá nos itens seguintes, os conceitos jurídicos indeterminados são comumente percebidos como manifestações típicas dessa indeterminação textual,[178] e a celeuma que surge a partir disso refere-se à existência ou inexistência de discricionariedade ou de uma margem de apreciação, bem como a possibilidade ou impossibilidade de controle judicial e as complexidades desse controle,[179] temas que são necessariamente transpassados pelo princípio democrático, vinculação à lei,[180] separação de Poderes, proteção judicial dos direitos, segurança jurídica,[181] interpretação e aplicação do Direito.

O assunto é inerente a toda atividade jurídica, porque, sob essa perspectiva, a indeterminação é inerente aos textos legais.[182] Sua

---

[178] Muitos autores entendem a densidade normativa dos conceitos indeterminados como um fenômeno linguístico. Nos conceitos, haveria zonas de certeza positiva, negativa e zonas cinzentas típicas de candidatos neutros. Nesse último caso, o controle somente seria limitado. Nessa zona, sendo a vaguidade uma antítese da congnoscibilidade, não seria possível uma operação lógico-dedutiva. Nesse vazio semântico, por ser impossível uma interpretação apenas cognitiva, seria necessária uma complementação da hipótese normativa. Assim, a interpretação não seria algo mecânico, mas criativo e, nesse sentido, a intepretação combina-se necessariamente com ato de vontade do aplicador do texto jurídico, através do qual se cria o Direito para o caso concreto.

[179] A este respeito, confira nosso: REIS JÚNIOR, Ari Timóteo dos. "Conceitos jurídicos indeterminados e direitos fundamentais". In: VEIGA, Fábio da Silva; LOPES, Dulce; XAVIER, João Proença (coords.). *Estudos de Direito Luso-brasileiro*. Porto/Coimbra: Instituto Iberoamericano de Estudos Jurídicos e Associação de Estudos Europeus de Coimbra, 2023.

[180] No que concerne ao papel do aplicador no processo decisório, perquire-se até onde os juízes podem ir sem perder a vinculação legal durante o processo de aplicação/controle está no cerne das discussões sobre a discricionariedade jurídica (enquanto intepretação judicial) e os métodos de aplicação.

[181] KREEL, Andreas J. *Discricionariedade administrativa e conceitos legais indeterminados*. Porto Alegre: Livraria do Advogado, 2013, posição 98, *ebook*.

[182] Carrió apontou como características da linguagem comum, na qual se expressa a linguagem jurídica, a ambiguidade, o sentido vago e a textura aberta, o que impossibilitaria a formação de conceitos unívocos. Cf. CARRIÓ, Genaro. *Algunas palabras sobre las palabras de la ley*. Buenos Aires: Abeledo Perrot, 1971, p. 13/23; *Timothy Endicott* esclarece que "de hecho no podemos dar cuenta de forma coherente del império de la ley como la exigência de precisión, porue la vaguedad no puede ser eliminada." e que "no todas laas leyes necesitan ser vagas, pero los sistemas jurídicos necessariamente tienen leyes vagas." (*La vaguedad em el Derecho*. Trad. J. Alberto del Real Alcalá e Juan Veja Gómez, Madrid: Dykinson, 2006, p. 279/280)

adequada compreensão, contudo, mesmo após serem gastos "rios de tinta", parece longe de um consenso,[183] porém ainda mais distante se apresenta sua adequada consciência no senso comum teórico, justificando nossa incursão, principalmente em tempos de protagonismo dos direitos fundamentais e da jurisdição constitucional.

Cientes de nossas limitações, sem pretensão de esgotar o assunto, já estaremos satisfeitos em lançar luzes com nossa humilde contribuição.

2.2. A origem da indeterminação e sua relação com a separação de Poderes

Nos Estados de Polícia da Europa dos sécs. XVI a XVIII, a discricionariedade era considerada expressão da soberania do monarca, que não era subordinado à legislação. Por polícia se entendia o conjunto de órgãos administrativos, com exceção do Exército e das finanças, de modo que não havia separação orgânica entre Justiça e Administração.

Foi com a Revolução Francesa e seu ideal de separação de Poderes[184] que se erigiu o cidadão como titular de direitos fundamentais, e a limitação da Administração livre (poder de polícia – *Polizeigewalt*) se iniciou com a separação do Poder de Justiça, dando origem ao moderno direito administrativo.[185]

Do Poder Executivo foi sendo retirada a prerrogativa de editar leis, e a vontade dos reis foi sendo substituída pela vontade geral do povo. No contexto de uma tradicional liberdade decisória do Executivo,

---

[183] Como assinala *Endicott*, na teoria jurídica, existem dois enfoques opostos. O primeiro aceita a tese da indeterminação, pela qual alguns casos conduzem à indeterminação jurídica no sentido de não existir resposta correta, assinalando que um enunciado vago em um caso marginal "não é verdadeiro e nem falso". Por outro lado, o segundo enfoque rejeita a indeterminação jurídica, seja negando que a linguagem vaga conduza à indeterminação num caso marginal ou, então, mesmo reconhecendo a indeterminação linguística, sustentando que o Direito possui recursos especiais que eliminam qualquer indeterminação. (ob. cit., p. 103)

[184] MONTESQUIEU, Charles de Secondat, Baron de. *O espírito das leis: as formas de governo, a federação, a divisão dos poderes* – introdução, tradução e notas de Pedro Vieira Mota. 9ª ed. São Paulo: Saraiva, 2008.

[185] SOUSA, António Francisco de. *A discricionariedade administrativa:* origem e evolução histórica no sistema continental europeu. Estado actual dos reconhecimentos científicos. Considerações para o estreitamento e a clarificação do conceito de discricionariedade administrativa. Lisboa: Editora Danúbio, 1987, p. 4

que deveria observar o princípio da legalidade,[186] foi-se formando a ideia de que a Administração deveria ser regulamentada tanto quanto possível e sem lacunas pelas leis e controlada plenamente por tribunais,[187] de modo que a discricionariedade deveria ser eliminada por ser resquício da arbitrariedade monárquica.

As democracias liberais remetem-se às ideias de legalidade e segurança jurídica como fundamentos que impõem que o Estado atue de forma vinculada aos textos legais. Sua legitimidade adviria do sistema representativo majoritário, de modo que os textos legais seriam legítimos por derivarem da vontade popular oriundas dos representantes-legisladores, desde que observados os requisitos formais e materiais estabelecidos pela Constituição. Portanto, é uma concepção de legitimidade com viés textualista da segurança jurídica e da legalidade. Essa é uma das óticas que pode ser encontrada como base do entendimento sobre tripartição de Poderes no discurso político e jurídico.

Todavia, no Estado Social moderno, a lei concebida como norma geral e abstrata perdeu a sua estrutura fixa. O legislador não se vê mais capaz de dar cumprimento aos ideais da determinação total e da plena adequação, tendo em vista a imprevisibilidade do futuro representada na quase infinita complexidade da vida moderna e, também, o caráter limitado de seus meios de expressão, incapazes de reproduzir ou expressar suas ideias de modo inequívoco e completo.

Ora, havia necessidade de se conferir discricionariedade à Administração com vistas à eficiência no enfrentamento das múltiplas reivindicações da sociedade, além disso, algumas situações o texto da lei não conseguiria alcançar de forma precisa e certa. Assim, por um lado, seria impossível regulamentar a Administração até ao mais pequeno pormenor, por outro, isso não seria desejável, mas isso não significa que não seja desejável um controle judicial sobre a decisão administrativa tomada no âmbito não estritamente pré-determinado.[188] A crescente integração entre ciência, tecnologia, política e economia nas sociedades complexas afasta o mito da perfeição da lei diante do imprevisto, o que reduz a utilidade da linguagem formal dos textos

---

[186] Insta registrar que, a Prússia, e depois a Alemanha unificada, ao contrário da maioria dos países da Europa ocidental, ainda no séc. XIX prevalecia uma monarquia dual, que justificava que, se os direitos da liberdade se encontravam submetidos à reserva de lei, campo em que o Poder Executivo tinha que fundamentar na norma legislativa o seu poder de atuação, havia todo um rol de atividades no qual a atuação administrativa, na ausência de lei, encontrava-se livre.

[187] BULLINGER, Martin. *Verwaltungsermessen im modernen Staat*. In: o mesmo (ed.). *Verwaltungsermessen im modernen Staat*. Baden-Baden: Nomos, 1986, p. 131-157; versão port.: A discricionariedade da Administração Pública. Trad. António Francisco de Sousa. *Revista de Ciência Política*, abr./jun. 1987, p. 3/23.

[188] SOUSA, António Francisco de. *A discricionariedade administrativa*, 1987, p. 23 e 288/289.

legais tipificadores da atividade administrativa, que cedem lugar à normas mais variáveis que permitem sua adaptação à realidade.

A partir do segundo pós-guerra, a liberdade de conformação legislativa reduziu-se em face do controle contramajoritário da jurisdição constitucional e da afirmação da normatividade dos direitos fundamentais e dos princípios constitucionais, por outro lado, incrementou-se o papel do Poder Judiciário na garantia de direitos e/ou como assegurador da própria normatividade da constituição. A concepção sobre como o Direito deve ser compreendido e aplicado se alterou, a cultura jurídica de modificou, e a doutrina da separação de poderes sofreu todo esse influxo.

Tudo isso atrai a necessidade de compreensão sobre como a incerteza linguística dos textos legais (conceitos indeterminados) democraticamente aprovados devem funcionar nesse contexto, assim como impõe a necessidade de serem construídas condições de possibilidade para se evitar decisionismos, arbitrariedades e discricionariedades.

2.3. Conceitos jurídicos indeterminados e discricionariedade

Os conceitos jurídicos indeterminados fazem referência a significados lexicais (conceitos) normativos (jurídicos) caracterizados pela indeterminação. São um instrumento de que se vale o legislador[189] e que suscita a questão da existência ou inexistência de uma maior margem de interpretação e/ou discricionariedade, a exemplo de expressões como "interresse público", "boa-fé", "função social", "bons costumes", "solução adequada", "bem comum", "atividade de risco",

[189] "O direito positivo está vertido numa linguagem que constitui seu modo de expressão. Essa camada de linguagem, como construção do homem, destina-se à disciplina do comportamento humano. As regras jurídicas, assim, têm por objetivo organizar a conduta das pessoas. Para tanto, o legislador se vale de uma linguagem técnica, o que significa dizer que se assenta no discurso natural, mas aproveita em quantidade considerável palavras e expressões de cunho determinado, pertinentes ao domínio das comunicações científicas. Vale lembrar que as linguagens consubstanciam sistemas ou conjuntos de símbolos convencionais, ou seja, os significados das palavras ou expressões linguísticas dependem sempre de uma convenção. Em outras palavras, linguagem é um sistema de signos que possibilita uma relação dialógica, interpretativa e de comunicação. Ocorre que não raramente o legislador utiliza conceitos vagos, ambíguos ou incertos. A imprecisão e equivocidade dos conceitos, encontrados na linguagem cotidiana, transportam-se para a linguagem jurídica. Ao contrário das ciências exatas, caracterizadas por conceitos rigorosos, a linguagem jurídica é marcada por metáforas, metonímias, sinédoques e outras figuras de linguagem, em que se destacam os graus de sentimento e de interesse no discurso, tornando-o vivo e retórico. Daí a presença de inúmeros conceitos jurídicos indeterminados." (ROZAS, Luiza Barros. *Conceitos jurídicos indeterminados e discricionariedade administrativa.* Cadernos Jurídicos, São Paulo, ano 20, nº 47, p. 191/201, jan/fev/2019).

"notória especialização", "reputação ilibada", dentre infindáveis outras encontradas nos mais diferentes textos legais dos mais diversos ramos do Direito.

Essa arrumação entre conceitos indeterminaos e discricionariedade é um problema tão controverso que pode ser elevado à *quaestio diabólica* do Direito Administrativo. Conforme nos ensina o prof. *António Francisco de Sousa*, ela traz consigo: a) o que se deve entender como conceitos legais indeterminados; b) qual melhor critério para distinguir os conceitos que seriam indeterminados daqueles que seriam determinados; c) qual a legitimidade constitucional dos conceitos indeterminados; d) qual natureza da discricionariedade ou do "espaço de livre apreciação" etc.[190]

Suscintamente, diz-se que a discricionaridade administrativa é a possibilidade que a lei confere ao agente público de escolher dentre diversos motivos e objetos aqueles que melhor atendam ao interesse público em um dado caso concreto, é a possibilidade de escolha entre várias decisões igualmente admitidas.[191] [192] [193] Alude-se que o exercício do poder discricionário é ainda realização da lei e do direito, sendo que qualquer solução que venha a ser tomada já é autorizada, *in abstrato*, pelo legislador, que admitiu a escolha como possível, de modo que, também ela (a escolha), é fruto de sua vontade.[194]

---

190 SOUSA, António Francisco de. Conceitos legais indeterminados no Direito Administrativo alemão. In: *Revista de Direito Administrativo*. Rio de Janeiro, Out/Dez, 1986. p. 276.

191 Segundo *Celso Antônio Bandeira de Mello*: "A margem de liberdade que remanesça ao administrador para eleger, segundo critérios consistentes de razoabilidade, um, dentre pelo menos dois comportamentos cabíveis, perante cada caso concreto, a fim de cumprir o dever de adotar a solução mais adequada à satisfação da finalidade legal" (*Discricionariedade e controle jurisdicional*. 2ª ed. São Paulo: Malheiros, 1993, p. 21).

192 "Ermessen sol eine, 'Wahfreiheit' der Verwaltung im Rahmen des Gesetzes bezeichnen. Sweit das Ermessen reicht, sol jede Lösung der verwaltung *ex definitione* juristish richtig, sol insoweit nach dem Willen des Gesetzes der Wille der Verwaltung massgebend sei". Em português: Por discrição deve designar-se uma liberdade de escolha da administração dentro do quadro geral da lei. No que tange à discrição, deve considerar-se juridicamente legítima *ex definitione* qualquer solução dada pela administração, por isso que na intenção da lei decisiva é a vontade da administração." (EHMKE, Hort. *Ermessen und unbestimmter Rechtsbegriff im Verwaltungsrecht*, 1960, J. C. B. Mohr (Paul Siebeck), Tübingen).

193 De registrar a diferenciação doutrinária entre discricionariedade de ação e discricionariedade de juízo. Na primeira, o agente tem liberdade de escolha entre opções juridicamente equivalentes e todas abstratamente possíveis; na segunda, havendo embora a intervenção de valorações pessoais do agente, existe inegavelmente uma só opção objetivamente fundada, uma só decisão querida pela lei. A doutrina orienta-se no sentido de que só a discricionariedade volitiva é discricionariedade em sentido próprio, não passando a discricionariedade cognitiva de simples operação de aplicação do direito (subsunção). Cf. XAVIER, Alberto. *Conceito e natureza do acto tributário*, 1972, p. 339, nota de rodapé nº 4.

194 SOUSA, António Francisco de. *Discricionariedade administrativa e Estado de direito efetivo*. Porto: Vida Econômica, 2020, p. 32/33.

Na doutrina, ela não é entendida como a possibilidade de arbítrio ou de capricho pessoal, mas como um instrumento para realização da justiça no caso concreto. Na verdade, mais do que um poder discricionário, devemos falar em um dever discricionário, uma vez que os poderes são meros veículos instrumentais para propiciar ao obrigado cumprir seu dever, sendo a atividade administrativa funcional e cabendo ao administrador perseguir a finalidade legal.[195]

Considerando que o administrador terá que escolher, para o atingimento do interesse público e da finalidade específica do ato, o caminho que se revele mais oportuno e conveniente para a situação concreta, elegendo a melhor solução possível, que seria uma única, alude-se que haveria, então, uma *discricionariedade vinculada (discricionariedae funcional ou juridificada)*, de modo que a liberdade de escolha não passaria, na generalidade dos casos, de uma grande ilusão,[196] [197]

---

[195] BANDEIRA DE MELLO, Celso Antônio. *Discricionariedade e controle jurisdicional*. 2ª ed. São Paulo: Malheiros, 1993. p. 15. Ademais, como limites impostos à discricionariedade, fala-se de um "fim externo" correspondente ao interesse público em geral, e de um "fim interno" que diz respeito ao fim da lei que, especificamente para aquela situação, atribui o poder discricionário, ou seja, a lei que no caso concreto está a ser aplicada (cf. SOUSA, António Francisco de. *Direito Administrativo*, 2009, p. 373).

[196] Alguns autores têm recusado o uso de uma vontade puramente subjetiva na discricionariedade. As escolhas deixadas à autoridade não devem decorrer de seu capricho pessoal, mas devem ter em vista o interesse público e a justiça no caso concreto. Mesmo sendo admitidas abstratamente mais de uma hipótese de atuação, essa liberdade somente existe *ex ante*, pois no caso concreto deve ser encontrada a melhor solução possível, o que é a única opção para o caso concreto, coincidente com a medida mais conveniente e oportuna. Não obstante, a questão de se saber qual alternativa é a correta talvez seja difícil de ser determinada, bem como os motivos que compõem o juízo de conveniência e oportunidade são notadamente extrajurídicos. Nesse sentido, no caso concreto, raramente haveria discricionariedade, pois existiria frequentemente uma decisão que se afigura mais justa, que é imposta seja do ponto de vista político-administrativo quanto jurídico. Cf. SOUSA, António Francisco. *Direito Administrativo*, 2009, p. 383/389. Ademais, os princípios constitucionais da democracia, do *due process*, da proteção dos direitos, da publicidade, da igualdade e da proporcionalidade irradiam seus efeitos para todas as formas de discricionariedade, de modo que o espaço discricionário, antes blindado contra controle externo, se tornaria um espaço público.

[197] SOUSA, António Francisco de. *Direito Administrativo*, 2009, p. 373, 389, 403 e 415. Destaquem-se os seguintes trechos: "tanto do ponto de vista estritamente jurídico, como do ponto de vista político-administrativo, raramente existe discricionariedade, pois há quase sempre uma decisão que face aos interesses públicos presentes é a mais justa, mais adequada e mais conveniente que as demais, sendo essa conduta imposta tanto do ponto de vista político-administrativo, como do ponto de vista jurídico (confrontação da decisão com o direito como um todo e não apenas com a norma de habilitação discricionária)."; "frequentemente é possível que, no caso concreto, a possibilidade de escolha se reduza a uma única possibilidade de conduta. É o que sucede quando apenas resta uma única decisão discricionária livre de erro, sendo todas as demais ilegais. Neste caso, a autoridade administrativa está obrigada a escolher a solução que lhe resta. Estamos aqui perante uma redução da discricionariedade a 'zero' ('zero' de discricionariedade) ou, mais precisamente, redução da discricionariedade a 'um' (uma única decisão possível), já que continua a haver uma (e só uma) possibilidade de decisão. Neste caso, o poder discricionário atribuído pela lei em abstrato converte-se, face ao caso concreto, em poder vinculado, e o direito à decisão discricionária livre de erro converte-se em direito à própria decisão, ou seja, a uma decisão em determinado sentido."

porque haveria exercício da vontade, mas de uma vontade objetiva ou funcional (e não uma vontade subjetiva[198] que pudesse ser arbitrária), que é a vontade do agente limitada pela lei e pelo direito, dirigida à realização da justiça, do interesse público, para o exercício excelente da função, uma vontade objetiva e funcional, capaz de ser claramente entendida por terceiros. . Todo o órgão e agente administrativo está juridicamente vinculado à neutralidade, não só política, religiosa e ideológica, mas também do foro estritamente subjetivo.[199]

Sempre será acompanhada de limites normativos, internos e externos, explícitos e implícitos, e por um escopo ou fim a cuja persecução o órgão que a vai exercer fica vinculado.[200] Portanto, a discricionariedade convive com a vinculação, de modo que pode ocorrer a *redução da discricionariedade a zero*[201] quando um poder discricionário atribuído abstratamente e *ex ante* se converte, no caso concreto, pela aplicação de normas e princípios vigentes, numa decisão vinculada, desaparecendo a "liberdade de escolha"[202] que aparecia à partida. Logo, a discricionariedade é questão de juridicidade, e não apenas de política administrativa. Embora os motivos que lastreiam o juízo de conveniência e oportunidade possam ser extrajurídicos, como a ordem jurídica impõe a melhor solução, estamos diante de uma questão de juridicidade.

A discricionariedade pode ser vista como *espaço de liberdade,*[203] caso se entenda que como espaço livre no sentido de permitir uma pluralidade de soluções igualmente possíveis, sendo que nessa zona

---

[198] Seja na perspectiva de seu interesse pessoal, gostos e preferências do foro pessoal ou de sua visão de mundo, o direito proíbe que o agente se oriente por sua vontade estritamente pessoal.

[199] SOUSA, António Francisco de. *A discricionariedade administrativa no Estado de Direito – o seu enquadramento jurídico*, 2020, p. 32.

[200] São limites à discricionariedade: (a) princípios jurídico-fundamentais, tal como a boa-fé; (b) a constituição; (c) leis que regulam a função administrativa; (d) vinculação à finalidade da lei (ex. o exercício do poder de polícia não pode ser exercido com fins arrecadatórios); (e) vinculação à práxis administrativa constante; (f) vinculações constantes da própria lei que atribui discricionariedade; (g) princípio da proporcionalidade; etc. Os limites externo são dados diretamente pela lei (lei de autorização para a discricionariedade, outras leis, constituição, direitos fundamentais, princípios jurídicos etc.), enquanto que os limites internos referem-se ao fim da autorização da discricionariedade (o fim para o qual foi atribuído o poder discricionário). Os vícios no exercício da discricionariedade podem ser: (a) excesso de discricionariedade, (b) mau exercício da discricionariedade ou (c) omissão de exercício do poder discricionário. Insta registrar que o princípio da igualdade exige que a discricionariedade seja exercida com o mesmo critério e a mesma medida relativamente a todos aqueles que se encontram em idêntica situação de fato.

[201] Como formulado por *Alfons Gern* em 1987: *Die Ermessensreduzierung auf Null*, DVBl. 1987, 1194 e segs.

[202] SOUSA, António Francisco de. *Discricionariedade administrativa e Estado de direito efetivo*. Porto: Vida Econômica, 2020, p. 31.

[203] QUEIRÓ, Afonso Rodrigues. *O poder discricionário da Administração*. Coimbra, 1944, p. 266.

discricionária só o administrador escolhe e somente ele é por tal escolha o único responsável, embora subordinada ao Direito.[204] Também pode ser concebida como *concretização da previsão da norma*[205] se partirmos do raciocínio de que não há espaço para escolha dos efeitos jurídicos, mas apenas uma função de complementação dos pressupostos fixados por lei. Assim, sempre que a lei deixe incompleto um elemento da *fattispecie*, cujo preenchimento deva ser feito mediante um juízo de correlação entre as exigências consideradas pelo legislador na formulação da norma e a situação concreta, a autoridade administrativa, que é quem interpreta e aplica a norma, deve elaborar uma regra para o caso concreto. Sobre essa concepção, o professor *António Francisco de Sousa* tece as seguintes considerações críticas:

> Esta tese não contribui para a resolução do complexo problema da discricionariedade, mas sim para aumentar a confusão que já a caracteriza. Na verdade, trata-se de um conceito excessivamente amplo e altamente impreciso de discricionariedade administrativa. Prova disto é que toda e qualquer actividade decisória da Administração, mesmo a mais vinculada, constitui sempre, em maior ou menor medida, uma actividade de preenchimento de pressupostos legais. Dir-se-á que apenas estão em causa os pressupostos cujo preenhcimento necessita do recurso a juízos de valor em elevado grau. Ora, com isto estamos a recorrer a um critério quantitativo para caracterizar algo que se autonomiza pela sua própria natureza: discricionariedade oposta a vinculação. O oposto da vinculação só pode ser a liberdade. Por outro lado, a partir de que grau de intensidade de valoraçao se poderá dizer que o preenhcimento dos pressupostos passa a ser discricionário?[206]

---

[204] Essa doutrina não se confunde com uma outra que já fez história, defendida por *Friedrich Julius Stahl*, segundo a qual a discricionariedade designaria uma zona à margem da legalidade, em que a Administração se orientava por imperativos de oportunidade e conveniência desconectadas do domínio jurídico. Para esse entendimento ultrapassado, a discricionariedade seria um espaço livre da lei; a lei funcionaria apenas como um limite, e não como conteúdo da atuação estatal (princípio da preeminência de lei). Portanto, a Administração atuaria segundo seus "bons propósitos" no espaço "juridicamente livre". Assim, era uma teoria da vinculação negativa, através da qual a atuação administrativa prescindiria da habilitação legal prévia, podendo fazer tudo aquilo que a lei não proibisse. A constituição e as leis ordinárias, das monarquias alemãs eram apenas um limite, e não um fundamento da ação administrativa, que ainda se baseava na graça divina, de modo que nas matérias não reservadas à lei, o governo se encontrava desvinculado e agia discricionariamente. (SOUSA, António Francisco de. *Direito Administrativo*, 2009, p. 377; SICCA, Gerson dos Santos. *O controle jurisdicional da Administração Pública e os conceitos indeterminados*, 2000, p. 23; DOURADO, Ana Paula. *O princípio da legalidade fiscal*, p. 380; XAVIER, Alberto. *Conceito e natureza do acto tributário*, p. 282)

[205] CANOTILHO, José Joaquim Gomes, *apud* SOUSA, António Francisco de. *Direito Administrativo*, 2009, p. 378. Entendendo que a discricionariedade faz parte também da concretização da lei, no sentido de que, os efeitos de direito foram representados como possíveis pelo Legislador e, por conseguinte, foram por ele queridos, cf. SOUSA, António Francisco de. *A discricionariedade administrativa*, 1987, p. 332.

[206] SOUSA, António Francisco de. *Direito Administrativo*, 2009, p. 379.

Posição interessante é a adotada por *Soares*,[207] que a define como uma *delegação feita pelo legislador para realização da justiça no caso concreto*,[208] recusando a ideia de discricionariedade como liberdade, sendo o agente remetido para uma única solução possível, no respeito pelos imperativos de imparcialidade e da justiça, devendo satisfazer o interesse público, eis que a escolha está subordinada a normas jurídicas e não jurídicas.

Cite-se a concepção[209] segundo a qual a discricionaridade é *o espaço livre que resulta para a Administração sempre que a sua conduta nem foi totalmente prevista pela lei, nem pode ser totalmente controlada pelo tribunal*, assim como a que a enxerga como espaço para prosseguir uma missão, de modo que, em vez do poder de escolha, deve-se acentuar a missão de realização de necessidades, isto é, aquilo que cai no âmbito de responsabilidade da autoridade. Registre-se, ainda, o conceito negativo de discricionariedade, que evita uma definição positiva, entendendo-a como parte da atividade administrativa que o tribunal entendeu, face ao caso concreto, por razões de organização, ser pouco prático ou conveniente controlar, ou seja, é a zona em que não exercido o controle jurisdicional.[210] Por fim, a discricionariedade como liberdade de conformação para realização de planos ou concretização de programas administrativos.

Nesse contexto, observa-se que as diversas concepções medeiam uma concepção ampla ou restrita para a discricionariedade, conforme

---

[207] SOARES, Rogério Ehrhardt. *Direito Administrativo*, p. 73.

[208] A Administração, com fulcro na sua competência constitucional, possuiria a prerrogativa de determinar o interesse público; a ela seria delegada a concretização do bem comum a partir de normas legais. Nesse sentido: "O poder discricionário resulta de uma necessidade prática: porque a previsão geral e abstrata da lei não se ajusta na perfeição à realização da justiça em situações concretas específicas que exigem a análise e ponderação causuística, nos seus contornos específicos. Pela 'natureza das coisas', certas situações concretas a regular não pode ser *a priori* suficientemente previstas (antecipadas) e delimitadas. Nestes casos, a decisão justa e oportuna tem de ser 'delegada' naqueles que, na Administração, tomam a decisão em concreto, analisando e ponderando a situação e os destinatários específicos." (SOUSA, António Francisco de. *Discricionariedade administrativa e Estado de direito efetivo*. Porto: Vida Econômica, 2020, p. 20)

[209] BULLINGER, JZ 1984, 1001 e segs., *apud* SOUSA, António Francisco de. *Direito Administrativo*, 2009, p. 379

[210] Objeta-se a essas concepções a necessidade e vinculação da Administração à lei e que apenas o legislador, e não o Judiciário pode conferir discricionariedade. Se a Administração é posteriormente controlada, ou não, pelo tribunal, não é isso que determina a natureza vinculada ou discricionária de seu ato, pois a natureza de seus poderes é recebida da lei, e não de um eventual controle jurisdicional posterior. Assim, é errado dizer que o poder exercido é discricionário porque o tribunal não controlou. Para além da fragilidade desse argumento, isto levaria a que a Administração, no momento da prática do ato, não saiba a natureza deste se seria vinculado ou discricionário. Nesse sentido: SOUSA, António Francisco de. *A discricionariedade administrativa*, 1987, p. 314; *Discricionariedade administrativa e Estado de direito efetivo*, 2020, p. 23/24.

congreguem valoração e liberdade de escolha ou apenas esta última, embora sejam realidades diferentes: a primeira vinculada, e a segunda livre. O deslinde para essa questão alcança pontos de contato fundamentais para a apreciação dos conceitos jurídicos indeterminados, de modo que serão trabalhados junto com eles.

O assunto objeto do presente estudo comumente aparece relacionado à discussão da existência ou inexistência de discricionariedade conferida à Administração,[211] ou seja, se há uma liberdade de escolha não sujeita à revisão judicial quando há o uso, pela linguagem legal dos textos normativos, de conceitos com textura vaga, ou termos que remetem a valores, ou expressões ambíguas ou incertas. Os conceitos indeterminados começaram a ser confundidos com conceitos discricionários no contexto da evolução do Direito Constitucional das monarquias alemãs quanto ao lugar que nelas ocupavam a lei e a administração, especialmente em face de uma aplicação lógico-subsuntiva do Direito diante de uma atuação administrativa livre do Direito.[212]

A doutrina dos conceitos jurídicos indeterminados surgiu no séc. XIX, na Áustria, com a questão de se saber se seriam suscetíveis ou insuscetíveis de controle judicial.[213] **A polêmica remonta ao debate das posições de *Edmund Bernatzik* (1854-1919) e *Friedrich Tezner* (1865-1925)**, cujas obras são apontadas como as primeiras sistematizações técnico-jurídicas sobre o controle da decisão administrativa que aplica conceitos indeterminados.[214]

---

[211] Aponta-se que os debates doutrinários sobre o assunto poderiam ser reconduzidos ao reconhecimento, ou não, de discricionariedade na utilização de conceitos jurídicos indeterminados, o que implicaria a adoção da teoria monista ou dualista. (CARDOSO, José Antônio Martins Lucas. "Do problema dos conceitos jurídicos indeterminados no direito administrativo: para uma análise dos limites funcionais da jurisdição administrativa". In: POLIS, *Revista de Estudos Jurídico-Políticos*, nº 2, 1995, p. 19; ROMAN, Flavio José. "Discricionariedade técnica". In: *Enciclopédia jurídica da PUC/SP*, tomo II (recurso eletrônico): direito administrativo e constitucional. Coord. Vidal Serrano Nunes Jr. *et al.* São Paulo: Pontifícia Universidade Católica de São Paulo, 2017, p. 4 e ss., disponível em: https://enciclopediajuridica.pucsp.br/pdfs/discricionariedade-tecnica_592723c9c9eab.pdf, acesso em: 10/01/2022).

[212] Acrescente-se que, com elementos insuficientes, típicos dos conceitos indeterminados, o legislador não poderia exigir que a aplicação da lei respeitasse sua vontade.

[213] Não obstante, há quem defenda que teriam sido a doutrina e a jurisprudência alemãs que relacionaram, pela primeira vez, a discricionariedade aos conceitos jurídicos indeterminados: NOHARA, Irene Patrícia. *O motivo no ato administrativo.* 2002. Dissertação (Mestrado) – Faculdade de Direito, Universidade de São Paulo, São Paulo, 2002, p. 73.

[214] CORDEIRO, André Felipe de Barros. *Teoria dos conceitos jurídicos "indeterminados" aplicada ao direito administrativo*, Dissertação (Mestrado em Direito) – Pontifícia Universidade Católica de São Paulo, São Paulo, 2011, p. 41; Segundo *Antônio Francisco de Sousa*: "Este conflito doutrinário entre *Bernatzik* e *Tezner* [iniciado no século XIX] constituiu o ponto de partida do conflito doutrinário em que ainda hoje estamos envolvidos e que conhece duas grandes correntes:

A teoria da duplicidade (com ponto de partida em *Bernatzik*)[215] diz que são possíveis várias decisões certas, reconhecendo certo espaço não sujeito ao controle judicial. Segundo esta doutrina, o conceito discricional existiria na parte da disposição normativa que confere ao administrador a faculdade de eleger, em sede de exclusividade, o conteúdo não controlável jurisdicionalmente.[216]

Por sua vez, a teoria da unicidade (com ponto de partida em *Tezner*[217]) defende existir apenas uma solução correta,[218] considerando

---

a teoria da duplicidade, com as suas raízes em *Bernatzik*, e a teoria da unicidade dos conceitos legais indeterminados, com suas raízes em *Tezner*, isto é, a teoria que diz que na interpretação e aplicação dos conceitos legais indeterminados são possíveis várias decisões certas e a que defende só existir uma solução correta" (SOUSA, António Francisco de. Os "conceitos legais indeterminados" no direito administrativo alemão. *Revista de Direito Administrativo*, v. 166. Rio de Janeiro, out./dez., 1986, p. 279); Parece-nos, contudo, que a distinção entre unicidade e duplicidade ainda persiste, pois, por um lado, a tese da unicidade afirma a possibilidade de o órgão de controle dizer, segundo cânones jurídicos, a única resposta possível, por outro lado, a tese da duplicidade, assevera a impossibilidade de se dizer a única resposta certa segundo padrões jurídicos e, por isso, preservaria o ato praticado pela Administração" (ROMAN, Flavio José. "Discricionariedade técnica". In: *Enciclopédia jurídica da PUC/SP*, tomo II (recurso eletrônico): direito administrativo e constitucional. Coord. Vidal Serrano Nunes Jr. *et al.* São Paulo: Pontifícia Universidade Católica de São Paulo, 2017, p. 7, nota de rodapé nº 10., disponível em: https://enciclopediajuridica.pucsp.br/pdfs/discricionariedade-tecnica_592723c9c9eab.pdf, acesso em: 10/01/2022.

215 BERNATZIK, Edmund. *Rechtsprechung und Materielle Rachtskraft*: Verwaltungsrechtliche Studien. Wien: Manz, 1886. Tal tese passou a ser o fundamento da jurisprudência do Supremo Tribunal Administrativo austríaco.

216 "*Bernatzik* insurgiu-se na sua obra publicada em 1886, sob o título *Rechtsprechung und materielle Rechtskraft* contra a doutrina tradicional, negando que a livre discricionariedade e a aplicação do direito se excluíssem mutuamente como realidade opostas. Ele constatou que as situações previstas através de alguns dos conceitos indeterminados empregados na lei, como 'adequação', 'utilidade', 'perigo', etc., só podiam ser afirmadas depois de um complicado processo interpretativo em cadeia. Este complicado processo em cadeia, por ele designado como 'discricionariedade técnica' (porém, livre), constituiu a primeira manifestação da chamada 'teoria da duplicidade'. Ao sustentar que a aplicação dos conceitos legais indeterminados só poderia ser feita através de um complexo processo em cadeia, esta teoria defrontou-se com um problema, aparentemente inultrapassável: o de encontrar critérios seguros de interpretação e de controlo desse tal processo intelectual altamente complexo. Este problema foi resolvido de uma forma cómoda, que consistiu em considerar que os conceitos legais indeterminados atribuíam discricionariedade." (SOUSA, António Francisco de. Os "conceitos legais indeterminados" no direito administrativo alemão. *Revista de direito administrativo*, v. 166. Rio de Janeiro, out./dez., 1986, p. 278).

217 TEZNER, Friedrich. *Zur lehre von dem freien Ermessen der Verwaltungsbehorden als Grud der Unzustandigkeit der Verwaltungsgerichte*, 1888; e, principalmente, em TEZNER, Friedrich. *Das Freie Ermessen der Verwaltungsbehorden kritisch-systematisch erortert auf Grund der osterreichisschen verwaltungsgerichtlichen Rechtsprechung*. Wien: F. Deuticke, 1924, p. 16/21.

218 "Este conflito doutrinário entre *Bernatzik* e *Tezner* constituiu o ponto de partida do conflito doutrinário em que ainda hoje estamos envolvidos e que conhece duas grandes correntes: A teoria da duplicidade, com as suas raízes em *Bernatzik*, e a teoria da unicidade dos conceitos legais indeterminados, com as suas raízes em *Tezner*, isto é, a teoria que diz que na interpretação e aplicação dos conceitos legais indeterminados são possíveis várias decisões certas e a que

que os conceitos indeterminados são conceitos jurídicos, pertencendo, por conseguinte, ao âmbito da vinculação legal, razão pela qual necessitariam apenas de interpretação. Entre conceitos legais indeterminados e os determinados haveria apenas uma diferença de grau, e não de natureza/qualidade,[219] pois ambos possuiriam alguma margem de indeterminação, sendo, na verdade, mais ou menos determinados/indeterminados.[220] Nessa perspectiva, o problema seria precisar o seu sentido para o caso concreto, operação também passível de ser realizada pelo juiz em sede de controle.[221] [222]

No âmbito da teoria da unicidade, *Bühler*[223] afirmou que não há espaço para discricionariedade, situando-se no âmbito da vinculação legal e da interpretação jurídica, podendo a opinião comum ser trabalhada como critério para interpretação e aplicação dos conceitos indeterminados.

Lemayer[224] afirmou que todo conceito indeterminado atribui discricionariedade que pode ser preenchida de acordo com critério subjetivo do juiz, sendo, portanto, de competência dos tribunais (discricionariedade judicial – *richterliches Ermessen*). No entanto, con-

---

defende só existir uma solução correta." (ob. cit., p. 77). Sobre a tese defenda por *Tezner* de admitir apenas uma única solução correta, Flávio José Roman expõe que: "*Tezner* não deixa de reconhecer que, sim, é possível haver mais de uma resposta diante de um caso concreto. Porém, em todo caso, o resultado da escolha poderia ser anulado pelo tribunal administrativo. Deveria, pois, ser afastada a compreensão de que a resposta cabe unicamente à autoridade administrativa." (ROMAN, Flavio José. "Discricionariedade técnica". In: *Enciclopédia jurídica da PUC/SP*, tomo II (recurso eletrônico): direito administrativo e constitucional/ coord. Vidal Serrano Nunes Jr. *et al.* São Paulo: Pontifícia Universidade Católica de São Paulo, 2017, p. 6, disponível em: https://enciclopediajuridica.pucsp.br/pdfs/discricionariedade-tecnica_592723c9c9eab.pdf, acesso em: 10/01/2022)

[219] Para *Tezner*, todo conceito legal, quando é posto em ligação com fatos reais, pode pressupor cadeias de pensamento altamente complexas e um certo limite de erro é encontrado e encontrado tanto nos chamados conceitos indeterminados como nos chamados conceitos determinados.

[220] Esse entendimento é citado e seguido por: SOUSA, António Francisco de. *A discricionariedade administrativa*, 1987, p. 77 e 297.

[221] Interessante observar que, na Alemanha e na Áustria, a construção teórica relacionada à atuação dos tribunais surgiu como forma de aumentar o controle dos atos administrativos pelo Poder, que em outros países seriam enquadrados todos como "discricionários", ao passo que, no Brasil, diferentemente, ela é usada para inibir o controle judicial.

[222] Interessante observa que, na Alemanha e na Áustria a construção teórica relacionada à atuação dos tribunais surgiu como forma de aumentar o controle pelo Poder Judiciário sobre atos da Administração Pública, que em outros países seriam enquadrados todos como "discricionários", ao passo que, no Brasil, diferentemente, ela é usada para inibir o controle judicial. Em terras tupiniquis, a separação entre discricionariedade e conceitos indeterminados serviria para afastar o controle sobre o mérito administrativos nos atos discricionários. É interessante notar, ao contrário da Alemanha, no Brasil, o controle judicial do "mérito administrativo" é tímido.

[223] BÜHLER, *Subjektive öffentliche Rechte, apud* SOUSA, António Francisco de. Ob cit., p. 78.

[224] *Apud* SOUSA, António Francisco de. *A discricionariedade administrativa*, 1987, p. 80.

siderando que no direito administrativo o Judiciário tem diante de si o exercício da função administrativa, o que atrai a necessidade de ser salva a essência da administração, deve-se perquirir se a **vontade do legislador**[225] com o uso dos conceitos indeterminados foi atribuir, ou não, discricionariedade à autoridade administrativa, sendo essa aferição de competência dos próprios tribunais. Nesse sentido, os conceitos indeterminados não seriam uma espécie de "conceitos discricionários" que, por si só, atribuíssem discricionariedade administrativa, mas, antes, caem na discricionariedade judicial, devendo o juiz perquirir, no caso concreto, se a vontade do legislador foi atribuir discricionariedade administrativa e, sendo esse o caso, não exercer controle judicial.[226]

Importante destacar a **doutrina da margem de livre apreciação,** de origem alemã, inicialmente defendida por O. *Bachof*[227] nos anos cinquenta do séc. XX, que parte da possibilidade/impossibilidade de **controle da aplicação**[228] feita pela autoridade administrativa em relação a **alguns conceitos jurídicos indeterminados**. Segundo essa perspectiva, os tribunais devem reconhecer uma margem de apreciação reservada à autoridade administrativa, não procedendo ao seu

---

225 No mesmo sentido parece conduzir a doutrina de *Laun*, *Jellinek* e *Klein* (*apud* SOUSA, António Francisco de. Ob. cit., p. 81/83 e 92).

226 Na perspectiva da multivalência dos conceitos indeterminados (admitem mais de uma resposta correta), Forsthoff diferenciou conceitos empíricos de conceitos de valor, para dizer que estes últimos sempre conferem discricionariedade administrativa, sem se depender da consulta à vontade do legislador para se determinar isso. O que não é aceito por *Bachof*, que não vê essa diferença intrínseca. (SOUSA, ob. cit., p. 84 e 89) Entendemos que a diferenciação de conceitos empíricos de valorativos como critérios para se diferenciar o tratamento dos conceitos indeterminados não tem qualquer relevância para o cerne da questão examinada. Por isso, foi anotada apenas nessa nota de rodapé.

227 WOLFF, Hans Julius; BACHOF, Otto; STOBER, Rolf. *Verwaltungsrecht Band 1*: ein Studienbuch. Munchen: Bech, 1955, p. 194/195; BACHOF, Otto. "Beurteilungsspielraum, Ermessen und unbestimmter Rechtsbegriff im Verwaltungsrecht", JZ, 1955, n. 4. A doutrina surgiu como reação contra a prática judicial alemã de controle total dos conceitos indeterminados, sendo aplicada pelo Tribunal Administrativo Federal alemão (*Bundesverwaltungsgericht*) em 1971. A doutrina ganhou adeptos que, por vezes, introduziram nuances, como *Jesch* e *Ule*.

228 Merece ser ressaltado que *Bachof* separa a interpretação e aplicação indeterminados, como se fossem coisas distintas. A interpretação seria sempre controlável pelo Judiciário; a apreciação dos fatos também seria sempre controlável pelo Judiciário. Todavia, uma vez delimitada a interpretação e os fatos, em um segundo momento, na aplicação, isto é, a subsunção dos fatos determinados sob um conceito indeterminado, pode-se perquirir se a lei quer ou não atribuir à autoridade administrativa aplicadora um "espaço de livre apreciação" é conferir ou não discricionariedade ao administrador. Assim, a aplicação, e não a interpretação, pelo seu caráter altamente pessoal ou pela insuscetibilidade de repetição das situações, atribui ao aplicador a prerrogativa de apreciação, que deve ser respeitada pelo tribunal, não controlando no caso de interposto recurso contencioso. (SOUSA, António Francisco de. *A discricionariedade administrativa*, p. 87/89; *Conceitos legais indeterminados no Direito Administrativo alemão*, p. 286; *Margem de apreciação e Estado de Direito*, p. 7; DOURADO, Ana Paula. *O princípio da legalidade fiscal*, p. 431).

controle, embora devam sindicalizar todos os outros aspectos que não dependam da valoração subjetiva, os quais têm relação aos seus contornos exteriores, já que o núcleo destes conceitos faria parte da atividade administrativa não sujeita à apreciação do juiz.

Observe que essa doutrina substitui a ideia de discricionariedade de cognição/avaliação por uma "margem de livre apreciação" (*Beurteilungsspielraum*) ou uma prerrogativa de estimativa (*Einschätzungsprärogativ*), que pode estar no campo da previsão dos fatos (*Tatbestand*).[229] Essa "margem de apreciação" não é vista pelos defensores dessa concepção como um poder discricionário, mas um poder de livre apreciação limitada da autoridade administrativa;[230] não há escolha entre múltiplas formas de atuação possíveis, mas as diferentes hipóteses de conduta decorreriam das diferentes possibilidades de apreciação.[231]

Tal espaço de livre apreciação não é característica de todos os conceitos jurídicos indeterminados, sejam estes um conceito de valor ou de experiência, devendo ser buscada essa indicação na **vontade do legislador** ou na **natureza da decisão e diferença entre as atividades jurisdicional e administrativa**.[232] Logo, não resulta da estrutura do conceito, nem de sua indeterminação, mas da natureza material da relação administrativa, associada ao particular posicionamento da

[229] O reconhecimento de discricionariedade ou margem de apreciação em relação à hipótese fática da norma é alvo de críticas difíceis de serem respondidas. Esse espaço implicaria conceber os fatos que a lei previu como necessários e suficientes à aplicação da norma como subordinados à vontade do administrador. Cite-se o exemplo da "idoneidade" para nomeação à algum cargo público. A autoridade administrativa limita-se a reconhecer uma característica prevista em lei; sua vontade não cria esse fato no caso concreto, apenas constata se existe. Uma decisão da autoridade administrativa segundo sua vontade, isto é, no uso de discricionariedade, levaria a que, para o Legislador, seria indiferente que o requerente fosse declarado idôneo ou não. Ora, se a lei diz que deve ser nomeado aquele que tem idoneidade, significa que sendo o requerente idôneo, o Legislador impõe sua nomeação, independentemente da vontade do administrador.

[230] Por outro lado, há quem defenda que a doutrina alemã da margem de (livre) apreciação trouxe de volta a discricionariedade para o âmbito dos conceitos jurídicos indeterminados, de onde ela tinha sido forçadamente banida. (KRELL, Andreas J. *Discricionariedade administrativa e conceitos legais indeterminados*: limites do controle judicial no âmbito dos interesses difusos. Porto Alegre: Livraria do Advogado, 2013, posição 1513, *ebook* não paginado)

[231] DOURADO, Ana Paula. *O princípio da legalidade fiscal*, 2019, p. 430.

[232] Entre as nuances da doutrina da "margem de livre apreciação" existe aquela que a coloca no campo da previsão dos fatos ou dos efeitos. Naquela que a situa na previsão dos fatos (*Tatbestand*), a margem de livre apreciação não resultaria da vontade do legislador, mas na diferente natureza das funções do tribunal e dos órgãos administrativos. O controle jurisdicional levaria à substituição da subjetividade do administrador pela não menos problemática subjetividade do juiz. Assim, considerando que o administrador é que possui legitimidade para administrar, que está preparado tecnicamente para isso e está mais próximo da situação de fato, deve ser conferida uma "zona de livre atuação" ao administrador. (SOUSA, António Francisco de. *A discricionariedade administrativa*, p. 303)

Administração perante o caso concreto (donde resulta a "prerrogativa de decisão").[233]

Assim, a Administração dispõe de um espaço de valoração que não se submete ao controle judicial, exceto se superado o limite desse espaço, de modo que existe um âmbito de valoração livre à Administração e um âmbito de apreciação não livre, o que implica dizer que existe uma área controlável judicialmente e outra não, que são decorrente, em suma, de um "espaço de atuação".[234] [235] [236] Nesse aspecto, corretamente observou *Dourado* que "a margem de livre apreciação é simultaneamente um problema metodológico, de teoria da interpretação jurídica ou do conhecimento, e em grande dose, uma questão de legitimidade jurídico-funcional quanto ao órgão que tem a última palavra".[237]

---

[233] SOUSA, António Francisco de. *Conceitos indeterminados no direito administrativo*, 1994, p. 48/49.

[234] Os tribunais administrativos alemães, que desde a II Guerra Mundial exerciam um controle total da aplicação de todo o tipo de conceito indeterminado, qualquer que fosse a área, acabaram por reconhecer a doutrina da margem de apreciação em 1971, com a conhecida *Jugendgefährdungsurtiel* (onde o *BVerwG* se recusou a controlar se uma revista dita pornográfica era de natureza a causar perigo para juventude, concluindo que tal apreciação pertencia a uma zona de apreciação da Administração na qual os tribunais não deviam penetrar, sob pena de interferirem em funções tipicamente administrativas. Esta jurisprudência viria a ser paulatinamente aceita por todos os tribunais administrativos alemães, contudo apenas em certas áreas especificadas com o tempo. A teoria manteve-se até 1990, quando uma decisão do *BVerfG* exerceria controle total no mesmo domínio da decisão de 1971, bem como exercendo em decisões posteriores o controle em outros domínios antes reconhecidos como reservados à margem de apreciação administrativa. Cf. SOUSA, António Francisco de. *Margem de apreciação e Estado de Direito,* p. 110.

[235] *Baracho* sintetiza que a concepção prevalente nos Estados Germânicos assenta-se em quatro pontos principais: (a) divisão da norma em previsão (*Tatbestand*) e estatuição (*Rechtsfolge*); (b) colocação dos conceitos legais indeterminados no *Tatbestand* legal (enquanto da discricionariedade se acantona na estatuição); (c) subordinação, por princípio, da interpretação e aplicação de todos os conceitos indeterminados, por mais indeterminados que sejam, ao controle total ou pleno dos tribunais administrativos; (d) reconhecimento na aplicação de certas categorias de conceitos legais indeterminados de uma "margem de apreciação" (*Beurteilungsspielraum*) a favor da autoridade administrativa que os aplica. Nestes casos, o controle jurisdicional é limitado. (BARACHO, José Alfredo de Oliveira. "Teoria geral dos conceitos legais indeterminados". In: *Revista da Academia Brasileira de Letras Jurídicas*, nº 16, 1999, p. 89/105, disponível em https://core.ac.uk/download/pdf/16013691.pdf, acesso em 10/04/2023).

[236] Para *Sousa*, quando definida positivamente como um poder da Administração que não se submete ao controle judicial e que, por isso, acabaria na prática por equivaler a um poder discricionário, como zona de livre decisão, seria inconstitucional. Todavia, se definida negativamente, como um poder que, sendo por natureza vinculado, o seu controle deve ser, em maior ou menor medida, autolimitado pelo tribunal em consideração a circunstâncias do caso concreto, legitimidade da Administração e própria natureza do controle jurisdicional, de modo que a questão é de maior ou menor intensidade do controle judicial, satisfaz melhor as exigências do Estado de direito. (*Discricionariedade Juridificada e Estado de direito*, 2020, p. 343)

[237] DOURADO, Ana Paula. *O princípio da legalidade fiscal*, 2019, p. 511.

Registre-se, também, a *teoria da representatividade/defensabilidade (Vertretbarkeitstheorie)* desenvolvida por ULE,[238] que reconhece que entre a vinculação e a discricionariedade existe um terceiro espaço de relativa vinculação e relativa discricionariedade, no qual haveria uma pluridimensionalidade jurídica, que não é determinada pela vontade da lei, mas pela natureza de certos conceitos. O autor diferencia conceitos fáticos de conceitos normativos. Embora ambos sejam conceitos indeterminados, os segundos se diferenciam por se submeterem a um juízo de valor em sua aplicação, que não chega a subsumir fatos ao conceito interpretado da lei, mas conteria uma subjetividade ínsita. Assim, nesses casos, a apreciação da autoridade administrativa deve ser considerada a única adequada, pois são defensáveis vários resultados, todos dentro do quadro legal.[239] Trata-se de aceitação, por parte do Judiciário, de uma decisão defensável, sustentável, tomada pela Administração,[240] ou seja, na dúvida, os tribunais devem seguir o entendimento e conformação administrativos, quando estes sejam defensáveis com base nas situações da vida verificadas. É aos tribunais que compete estabelecer as balizas da defensabilidade, concordando que a solução administrativa é uma das possíveis, cabendo-lhes também tipificar progressivamente os conceitos jurídicos indeterminados.

Uma perspectiva de **análise da estrutura dos conceitos indeterminados** foi feita por *Heck*[241] e *Jesch*,[242] enxergando o mesmo constituído por duas zonas distintas: (a) o núcleo do conceito (*Begriffskern*); (b) a auréola/vácuo/halo do conceito (*Begriffshof*).[243] Enquanto o primeiro situa-se numa zona em que há certeza e, por isso, permitiria o

---

[238] ULE, Carl H.. *Zur Anwendung unbestimmter Rechtsbegriffe im Verwaltungsrecht*, in: *Gedächtnisschrift für* W. JELLINEK 1955, 309 e ss.; cf. também o mesmo, in: Verwaltungsprozessrecht, 2 I. A teoria de ULE foi sustentada também por *Haas, Pietzonka, Meyer, Liber, Less*, dentre outros.

[239] Nesse sentido, SOUSA, António Francisco de. *Conceitos indeterminados no direito administrativo*, 1994, p. 50/51. *Dourado* explica a tese com as seguintes palavras: "Ule vem então defender que a concretização dos "conceitos normativos" deixa um espaço de livre apreciação à administração, relacionados com o seu "domínio originário de actuação", com as suas "ponderações administrativas adequadas", e que se essa concretização for defensável, por não violar os limites legais, os tribunais não se devem substituir ao juízo administrativo" (DOURADO, Ana Paula. *O princípio da legalidade fiscal*, 2019, p. 434)

[240] Da sustentabilidade da escolha do ponto de vista do Judiciário poderia resultar liberdade de atuação para Administração? O que é uma decisão sustentável? Isto parece bem problemático do ponto de vista jurídico-constitucional.

[241] HECK, Philipp. *Gesetzauslegung, Begriffsbildung und Interessen jurisprudenz*, AcP. Vol. 112 (1914), 1 e ss; 46 e ss; 173 e ss. No mesmo sentido, por todos: ENGISCH, Karl. *Introdução ao pensamento jurídico*, p. 209.

[242] JESCH, Dietrich. *Gesetz und Verwaltung: eine Problemstudie zum Wandel des Gesetzmassigkeitsprinzipes*. Tubingen: Mohr, 1961, p. 226.

[243] Essa concepção vem ao encontro da vagueza da linguagem, na forma exposta no item 1 do presente capítulo. Por outro lado, é possível objetar que também os conceitos chamados de

controle jurisdicional, o segundo, por estar em uma zona mais vaga, não seria sindicável pelo Poder Judiciário. Na interpretação do núcleo do conceito, não há quaisquer dificuldades, já no âmbito do vácuo do conceito a substituição dos conceitos legais pelos conceitos fáticos naturais encontra a sua fronteira prática na ambiguidade da situação de fato, prevista pelos conceitos indeterminados. Portanto, no âmbito dessa forma de ver os conceitos jurídicos indeterminados, o legislador autoriza a Administração, através do emprego de conceitos jurídicos indeterminados, a tomar decisões no domínio de sua autorresponsabilidade, que somente se sujeitam a um controle jurisdicional limitado. Em favor dessa limitação da revisão das decisões administrativas pelos tribunais, aponta-se que: (a) conceitos indeterminados admitem diferentes valorações; (b) a Administração possui maior experiência e conhecimentos técnicos, estando mais próximas dos problemas concretos; (c) algumas decisões são insuscetíveis de revisão e; (d) a Administração possui legitimidade para administrar.[244]

Contra essa posição de considerar a estrutura dos conceitos indeterminados como critério, Klein[245] sustenta, em sua *teoria das várias possibilidades jurídicas*, que o critério decisivo é a vontade da lei. As várias possibilidades apenas se deixam conhecer quando são concedidas pelo ordenamento jurídico, não se devendo reconhecer um "espaço de livre conduta" como escolha entre uma pluralidade relativamente a um "ser" ou a um "existir" (como faz *Bachof*). Não haveria diferença entre uma "margem de apreciação" e a discricionariedade, nem diferença entre conceitos de valor e conceitos fáticos.

O prof. *Antônio Francisco de Sousa*[246] entende que os chamados **"conceitos jurídicos indeterminados" remontam a uma operação plenamente vinculada**, porque são conceitos legais como quaisquer

---

"determinados" também tem um *Begrifshof* e um *Begriffskern*, não havendo distinção qualitativa entre ambos, na esteira do que defendia *Terzner* e defende *Sousa*.

244 *Andreas J. Krell*, leciona que "a aplicabilidade (ou não) do conceito legal a seus candidatos neutros [aqueles candidatos localizados na zona de vaguidade ou incerteza] não pode ser deduzida mediante um juízo silogístico 'certo'. A sua incidência não é cognoscível para o aplicador através de uma operação lógico-dedutiva, sendo a vaguidade justamente a da cognoscibilidade. Consequentemente, é o próprio intérprete do conceito que deve determinar a sua aplicabilidade na sua zona de incerteza, através do exercício de sua vontade". (KRELL, Andreas J. A recepção das teorias alemãs sobre "conceitos indeterminados" e o controle da discricionariedade no Brasil. *Interesse Público*, v. 5, nº 23, Belo Horizonte, jan./fev., 2004, p. 9.

245 KLEIN, Rüdiger. *Die Kongruenz des Verwaltungsrechttlichen Esmessensbereichs und des Bereichs rechtlicher Mehrdeutigkeit*, AöR 1957 (82), 75 ss.

246 SOUSA, António Francisco de. *Das Ermessen der Verwaltungsbehorde im Europiischen Kontinentalsystem* (Freiburg – RFA – 1986); *A discricionariedade administrativa*, 1987; *Conceitos indeterminados no Direito Administrativo*, 1994; *Direito Administrativo*, 2009; *Discricionariedade administrativa e Estado de direito efetivo*, 2020, dentre outros.

outros,[247] sujeitando-se à interpretação que **determina uma única solução justa.**[248] Deste modo, sujeitam-se ao controle judicial, pois é sempre, e só, a interpretação da lei.[249] Por isso, diferem da discricionariedade, que não é uma questão de interpretação, mas de escolha entre duas ou mais alternativas igualmente possíveis e autorizadas pela legislação. Observe suas lições:

> A interpretação e aplicação dos conceitos legais indeterminados, ao apontar para uma única decisão justa, é uma actividade de mero reconhecimento de uma realidade existente e, assim, uma actividade vinculada.(...)
>
> Ponderamos os argumentos num e noutro sentido, só nos resta uma conclusão: por força do princípio do Estado de Direito, os conceitos indeterminados não só não excluem como exigem o seu controlo jurisdicional pleno, sob pena de comprometimento irremediável da segurança dos particulares perante o Estado – *Leviathan.*
>
> Como justamente refere *Van Husen*, a recusa ou redução do controlo jurisdicional dos "conceitos jurídicos indeterminados" representaria a eliminação de uma parte essencial da proteção jurídico-constitucional dos cidadãos.[250]

A solução não decorrerá das expressões (termos linguísticos) utilizadas nos textos legais, pois não existem conceitos jurídicos indeterminados que, por si só, atribuam uma faculdade discricionária,[251] mas

---

[247] Nessa ótica, não existe diferença entre conceitos determinados e indeterminados, pois ambos têm a mesma natureza, sendo a diferença apenas de grau, já considerando que certa margem de indeterminação existe tanto em um como no outro, de modo que este critério não constitui uma base sólida para diferenciação. Vejam suas palavras: "O grau de indeterminação dos conceitos legais varia muitíssimo. No fundo todas as expressões que o legislador utiliza são mais ou menos indeterminadas. Assim, por exemplo, o conceito de 'mesa', ainda que muito mais determinada que o de 'idoneidade', é também ele indeterminado pois, como sabemos, há vários tipos de mesas, elas podem ser de um ou de outro material, mais antigas ou mais recentes, ter uma ou outra forma. (...) Esta indeterminação que se passa com o conceito de 'mesa', passa-se com todos os objectos ou situações de facto, mesmo que há primeira vista eles pareçam determinados. Neste sentido amplo, conceitos indeterminados são aqueles em cujo reconhecimento intervém uma certa dose de subjectividade do seu intérprete. Sendo assim, quase parece desnecessário e até teoricamente descabido distinguir 'conceitos indeterminados' dos seus opostos, os 'conceitos determinados', se é que eles existem!" (*A discricionariedade administrativa*, p 297); No mesmo sentido: *Conceitos indeterminados no direito administrativo*, p. 23.

[248] Todos os conceitos indeterminados, dos mais determinados ou mais indeterminados, caem sob o controlo pleno dos tribunais administrativos por apontarem para uma única solução justa, sendo que o autor não aceita a "margem de apreciação", admitindo apenas, em face do caso concreto, um autorrecuo, por falta de provas ou de objetividade das situações e somente no estritamente necessário.

[249] Nesse mesmo sentido, na doutrina alemã: SCHMIDT-ASSMANN, Maunz-Dürig. *GG Kommentar*. Müchen, 2003, p. 116/117; ECKHARD PACHE. *Tatbestandliche Abwägung und Beurteilungsspielraum*, p. 11 e 36/37; HARTMUT MAURER. *Allgemeines Verwaltungsrecht*, p. 153/157; *apud* DOURADO, Ana Paula. *O princípio da legalidade fiscal*, 2019, p. 367.

[250] *Conceitos jurídicos indeterminados no direito administrativo*, 1994, p. 209/211.

[251] Por isso, não é viável um catálogo que separe, de antemão, aqueles que concedem liberdade de escolha, daqueles que não conferem essa possibilidade. Vejam-se suas palavras: "afirmar-se que, certos conceitos legais indeterminados atribuem ao aplicador do direito uma 'margem de

da **vontade da lei**,[252] externada de modo claro e inequívoco.[253] Confiram suas palavras:

> A discricionariedade nunca pode resultar apenas do conceito autonomamente "discricionário", porque esse tipo de conceito não existe. Daí que a discricionariedade nunca deva ser indagada, exclusivamente, a partir dos termos ou conceitos empregados pelo Legislador.(...)
>
> A discricionariedade não se presume, pelo contrário, tem de resultar da própria lei. O conceito indeterminado não é, por si só, lei. Ele surge numa norma que constitui o repositório não apenas de palavras e conceitos como também da vontade do Legislador.[254]

Em última análise, a vontade do legislador é que determina a existência ou inexistência de margem de atuação administrativa, devendo-se partir da regra de que a função administrativa é vinculada, não se presumindo a discricionariedade, de modo que, no Estado de direito não há discricionariedade sem lei (sem autorização legal), por indeterminação da lei, para além da lei ou contra a lei. O uso de conceitos legais indeterminados pelo legislador é feito muitas vezes sem exprimir qualquer "segunda intenção" de atribuir à autoridade administrativa "uma certa liberdade". A existência de imprecisões do texto da lei não é atributiva, por si só, de discricionariedade.

A solução, assim, não é retirada no texto, mas da vontade da lei, que é considerada a real fundamentadora da liberdade de escolha administrativa: as razões do legislador, as razões da lei, é que talham a existência ou inexistência de discricionariedade. Logo, a discricionariedade não decorre do texto legal, mas da norma que surge a partir dele;

---

livre apreciação', coloca-se logo a questão de saber quais são esses conceitos indeterminados. *Bachof* responde a questão dizendo: Aqueles, através dos quais o Legislador atribui liberdade. Só que tais conceitos não existem. Afirmações tais como: O conceito de 'idoneidade' atribui ao seu aplicador uma margem de livre apreciação, mas o conceito de 'aptidão' não; são afirmações que assentam em primeira linha em pontos de vista subjectivos daquele que se pronuncia, e que, por isso, não têm qualquer fundamento científico." (*A discricionariedade administrativa*, 1987, p. 94).

252 A discricionariedade administrativa só pode existir no Estado de Direito quando o Legislador expressamente o quis, correspondendo à uma pluralidade de sentidos queridos pelo legislador. (*Conceitos indeterminados no direito administrativo*, 1994, p. 29).

253 Para o autor, o poder discricionário é apto a caracterizar um sério risco de ingerências graves nos direitos e liberdades dos cidadãos e, além disso, é muito difícil ou mesmo impossível aos atingidos provarem as reais intenções do administrador. Por outro lado, uma vez atribuído, temos certa exclusão do controle judicial dos direitos subjetivos. Assim, é sensato e legítimo exigir que tal poder seja restringido aos casos nos quais existe uma externação clara e inequívoca da vontade da lei e, mais que isso, que o legislador tenha em mente que a atribuição desse poder só pode ser feita quando houver um fundamento material suficientemente importante face ao princípio da tutela jurisdicional efetiva. (*A Discricionariedade Administrativa no Estado de direito – o seu enquadramento jurídico*, 2020, p. 28)

254 SOUSA, António Francisco de. *A discricionariedade administrativa*, 1987, p. 137/138.

a intenção do Legislador é aferida no contexto, não podendo resultar apenas dos conceitos isoladamente considerados, sendo extraída de uma cuidadosa interpretação no caso concreto,[255] nunca desprendida da norma de que fazem parte os conceitos indeterminados.[256]

Nesse contexto, o controle judicial pode ser difícil, complexo ou problemático, mas isso não altera a natureza dos conceitos jurídicos indeterminados, nem deveria afetar o modo como devem ser encarados e aplicados.[257] Conquanto a atribuição do sentido ao conceito indeterminado possa se mostrar como uma tarefa difícil, o legislador já sabia desta dificuldade quando voluntariamente recusou-se a atribuir um poder discricionário ou uma margem de apreciação, de maneira que, não o fazendo, não caberia ao intérprete fazê-lo.[258] Todavia, mesmo diante da uma única resposta justa, no caso concreto, pode vir a se sujeitar a um *self restraint* cuja palavra final cabe ao Poder Judiciário quando não há condições de se ter um controle pleno, o que não autoriza a conclusão de que a zona não controlada se transformaria em zona discricionária.[259]

Deste modo, controle judicial e discricionariedade são coisas absolutamente diferentes e com funções diferentes.[260] Por exemplo, a dificuldade do controle não constitui autorização jurídica para liberdade de escolha pela Administração, e mesmo que não haja controle judicial de uma atuação que, pela lei, seja vinculada, esta não deixa de permanecer vinculada à lei e à única decisão correta. Não é o Judiciário, mas o Legislador que atribui a discricionariedade. Ademais, atrelar a discricionariedade ao posterior controle judicial deixaria um

---

[255] SOUSA, António Francisco de. *A discricionariedade administrativa*, 1987, p. 318.

[256] Ibidem, p. 301.

[257] Diz o autor "Não há 'zonas tabu', 'santuários' onde o direito não penetra, 'justiças administrativas', 'discricionariedades impróprias' e 'discricionariedades técnicas' a respeitar pelo tribunal. Toda a ação da Administração, incluindo a avaliação, é dominada pelo direito e por isso não está excluída do controlo jurisdicional." (*Discricionariedade administrativa e Estado de direito efetivo*. Porto: Vida Econômica, 2020, p. 101/102).

[258] "afirmar-se que, certos conceitos legais indeterminados atribuem ao aplicador do direito uma 'margem de livre apreciação', coloca-se logo a questão de saber quais são esses conceitos indeterminados. (...) Afirmações tais como: O conceito de idoneidade atribui ao seu aplicador uma margem de livre apreciação, mas o conceito de aptidão não; são afirmações que assentam em primeira linha em pontos de vista subjectivos daquele que se pronuncia, e que, por isso, não têm qualquer fundamento científico". (ob. cit. p. 94)

[259] OUSA, António Francisco de. *A Discricionariedade Administrativa no Estado de direito – o seu enquadramento jurídico*, 2020, p. 29.

[260] "Na prática, pode ser muito difícil, ou quase impossível, proceder à interpretação de um conceito ou ao conhecimento de um facto. Porém, o grau de dificuldade não altera a natureza das coisas, pelo que, recusar o controlo jurisdicional de tais conceitos, representa violação de um dever, cuja gravidade é de aferir pelos interesses em causa." (SOUSA, António Francisco de. *A discricionariedade administrativa*, 1987, p. 135)

vácuo de sentido prévio à Administração, que não saberia ao certo quando o ato seria vinculado ou discricionário. Em síntese, a ausência de controle jurisdicional não implica discricionariedade, ao passo que o inverso é verdadeiro, ou seja, a discricionaridade implica em ausência de controle jurisdicional.[261]

Soares[262] criticou a visão alemã, que ele chama de "justicialista e formalista da legalidade", que se direcionaria ao controle total, cujos membros, para ele, seriam convencidos de que pode afirmar-se tanto mais o Estado de Direito quanto mais o administrador encontrar a sua atuação figurada num preceito jurídico que um tribunal seja capaz de sindicar; enquanto *Scholz*,[263] com base no trabalho de *Ehmke*, reconheceu a necessidade de uma competência discricionária homogênea da Administração, com abandono da teoria do "espaço de livre apreciação" no âmbito dos conceitos indeterminados. Nesse sentido, afirma-se que nas últimas décadas a doutrina alemã tem-se aproximado à consideração de que a diferença entre a margem de livre apreciação e discricionariedade possuem uma diferença apenas gradual-quantitativa.[264] Por sua vez, *Sérvulo Correia*[265] enxerga uma margem de livre apreciação conferia pelos conceitos jurídicos indeterminados.

No Direito brasileiro, *Di Pietro*[266] identifica duas linhas de raciocínio no que se refere aos conceitos jurídicos indeterminados: a) a dos que entendem que eles não conferem discricionariedade à Administração porque, diante deles, ela tem que fazer um trabalho de interpretação que leve à única solução possível; b) a dos que acham que eles podem conferir discricionariedade à Administração desde que se trate de conceito de valor.

Na primeira linha teórica, citamos *Eros Grau*,[267] para quem a técnica dos conceitos jurídicos indeterminados nada tem a ver com a téc-

---

[261] Não é o controle judicial que vincula ou liberdade a atuação da Administração, mas a vontade do Legislador.

[262] SOARES, Rogério Guilherme Ehrhardt. Princípio da legalidade e Administração constitutiva. *Bol. Da Faculdade de Direito de Coimbra*, vol. LVII, 1981, p. 188, 191.

[263] SHOLZ, Rupert. *Verwaltungsverantwortung und Verwaltungsgerichtsbarkeit. Apud* KRELL, Andreas J. Ob. cit. posição 792, *ebook* não paginado.

[264] A afirmação é de *Andreas J. Krell*, que cita a obra *Allgemeines Verwaltungsrecht*, coord. por Erichsen e Ehlers. Ob. cit. posição. 938.

[265] CORREIA, José Manuel Sérvulo. *Legalidade e autonomia contratual nos contratos administrativos*, 1987, p. 322/323.

[266] DI PIETRO, Maria Sylvia Zanella. *Discricionariedade administrativa na Constituição* de 1988. 2ª ed. São Paulo: Atlas, 2001. p. 116/119.

[267] GRAU, Eros Roberto. *O direito posto e o direito pressuposto*. 7ª ed. São Paulo: Malheiros, 2008. No mesmo sentido: LAVES, Raphael Assef. "Tipicidade fechada, determinação e cognoscibilidade", 2019, p. 374.

nica da discricionariedade, porque se refere a **juízos de legalidade**, enquanto a segunda se baseia em **juízos de oportunidade**. A discricionariedade só pode resultar de expressa atribuição legal à autoridade administrativa, e não da circunstância de os termos da lei serem ambíguos, equívocos ou suscetíveis de receber qualificações diversas.[268] A interpretação e aplicação da lei e a atividade discricionária da Administração são coisas diferentes, podendo o Poder Judiciário manifestar-se sobre a aplicação dos conceitos indeterminados. No entanto, o autor ressalva seu entendimento segundo o qual, no âmbito do Direito, não existem soluções exatas, motivo pelo qual a distinção reside na natureza dos juízos (legalidade *vs.* oportunidade), e não no número de soluções justas.[269] Na mesma ótica, *Araújo Falcão*[270] liga os conceitos indeterminados à interpretação, mas com a nuance de apontar que, com eles, o legislador quer uma única solução a ser adotada, entendendo que embora chamados de indeterminados, eles não são indetermináveis e possibilitam pleno controle judicial, sendo que, para tanto, é necessário considerar dados empíricos, fáticos, técnicos ou científicos de que somente o intérprete e o aplicador em cada hipótese concreta disporão.[271] Em sentido semelhante caminha *Ribeiro*,[272] que não vislumbra possibilidade de escolha discricionária subjetiva, mas sim uma única solução justa, pois enxerga a questão como de interpretação da norma, conquanto reconheça que isso possa levar a resultados diferentes de acordo com o intérprete.[273]

Por ser frequentemente citado em *terra brasilis*, merece ser ressaltada a posição de *García de Enterría* e *Ramón Fernández*, que entendem que os conceitos indeterminados não se confundem com

---

[268] O autor destaca o uso do verbo "atribuir" ao invés de "decorrer", feito com o claro propósito de demonstrar que a discricionariedade não pode "decorrer" dos conceitos indeterminados, mas deve ser expressamente "atribuída" pela lei. Cf. ob. cit. p. 192.

[269] Ob. cit. p. 204.

[270] FALCÃO, Amílcar de Araújo. *Fato gerador da obrigação tributária*, p. 83/84.

[271] No mesmo sentido: DOMINGUES, José Marcos. "Legalidade Tributária: o princípio da proporcionalidade e da tipicidade aberta". In: RIBEIRO, Ricardo Lodi; ROCHA, Sergio André (coord.). *Legalidade e tipicidade no Direito Tributário*. São Paulo: Quartier Latin, 2008, p. 64.

[272] RIBEIRO, Ricardo Lodi. *A segurança jurídica do contribuinte*, 2023, p. 174/175.

[273] Não obstante, o autor também fala em halo conceitual e margem de apreciação administrativa, de menor intensidade de controle judicial nos casos de alta complexidade técnica ou legitimidade democrática do Executivo, de prerrogativa de avaliação da Administração em casos duvidosos para, logo a seguir, concluir que "o controle é total, só esbarrando na dificuldade fática quanto à cognição a respeito da correção da decisão, onde a presunção milita a favor da decisão administrativa", sendo que cabe ao juiz, no caso concreto, avaliar a possibilidade desse controle. Tal posicionamento nos parece um pouco conflitante e confuso, porquanto as diversas exceções, presunções e espaços administrativos parecem investir contra a única solução justa ou, ao menos, contra a possibilidade de controle judicial dessa única solução justa.

discricionariedade. A lei utiliza os enunciados porque as realidades referidas não permitem outro tipo de determinação mais precisa, "pero al estar refiriéndose a supuestos concretos y no a vaguedades imprecisas o contradictorias, es claro que la aplicación de tales conceptos o la calificación de circunstancias concretas no admite más que uma solución: o se da o no se da el concepto; o hay buena fe o no la hai; o el precio es justo o no lo es; o se há faltado a la probidade o no se há faltado. *Tertium non datur*".[274] Deste modo, mesmo se considerando a indeterminação do enunciado do conceito, o mesmo admite ser precisado no momento da aplicação em uma unidade de solução justa em cada caso, a que se chega mediante uma atividade de cognição, e não de volição típica da discricionariedade. Logo, os conceitos indeterminados são referidos à interpretação e à aplicação da lei, não permitindo uma pluralidade de soluções justas, senão uma única solução justa que deve ser buscada pela Administração e passível de controle pelo Judiciário.[275] Não obstante, em relação à zona de incerteza conceitual (que alguns chamam de halo conceitual) especificamente referente aos conceitos de valor, os autores reconhecem certa presunção relativa em favor da Administração, baseada na dificuldade de controle e na racionalidade com a qual a Administração haja atuado, embora isto não afaste o controle judicial que, diante das provas apresentadas, pode verificar que o uso da potestade não foi razoável.[276]

Por outro lado, pela segunda linha teórica, *Celso Antônio Bandeira de Mello*[277] entende que os conceitos jurídicos indeterminados podem

---

[274] ENTERRÍA, Eduardo García de; RODRÍGUES, Tomás Ramón Fernández. *Curso de direito administrativo*. vol. 1, 20ª ed. Espanha: Thompson Reuters, 2022, p. 882.

[275] "Siendo la aplicación de conceptos jurídicos indeterminados um caso de aplicación e interpretación de ala Ley que há creado el concepto, el juez puede fiscalizar tal aplicación, valorando si la solución a que com ella se há llegado es la única solución justa que la Lay permite" (ob. cit. p. 885)

[276] Para esclarecer melhor o que se fala, insta registrar que o autor trabalha com a estrutura conceitual tal como defendida por *Heck* e *Jesch* (núcleo e halo do conceito), sendo que em relação ao halo uma margem de apreciação é reconhecida no sentido cognoscitivo e interpretativo da lei, dada a dificuldade de precisar a solução justa para o caso concreto, de modo que reconhece certa presunção em favor da primeira apreciação decisória da Administração. Isto não exclui o controle judicial, embora limite suas possibilidades aos limites e excessos que possam se verificar. Mesmo assim, nesse espaço não há discricionariedade inacessível ao juiz. Sempre que possível ao tribunal uma crítica séria e fundada pelo tribunal, será possível a revisão da apreciação do conceito indeterminado inicialmente feita pela Administração. Assim, o juiz não precisa aceitar qualquer solução administrativa como se houvesse uma competência exclusiva e excludente da Administração, mas unicamente diante da presunção de racionalidade com que a Administração haja utilizado, por seu contato com os fatos, por seus meios técnicos, pela multiplicidade de aspectos e valores que integram a decisão. Todavia, tal presunção é *iures tantum*, admitindo controle quando haja sido irrazoável no caso concreto. (ob. cit., p. 881/893)

[277] MELLO, Celso Antônio Bandeira de. *Discricionariedade e controle jurisdicional*. 2ª ed. São Paulo: Malheiros, 1993, p. 27/28. O autor define a discricionariedade como a "margem de liberdade" que remanesça ao administrador para eleger, segundo critérios consistentes de razoabilidade, um, den-

ser fonte de discricionariedade, haja vista que, em diversas situações, mais de uma intelecção é razoável e admissível, de modo que "a noção de discricionariedade não se adscreve apenas ao campo das opções administrativas efetuadas com base em critérios de conveniência e oportunidade, pois também envolve o tema da intelecção dos conceitos vagos". *Francisco Campos* chegou a afirmar que "a indeterminação do conceito legal constitui, evidentemente, o fundamento lógico e jurídico do juízo discricionário".[278]

Ainda no Brasil, *Andreas J. Krell*[279] parece não diferenciar discricionariedade e conceitos jurídicos indeterminados, concebendo ambos como fenômenos que resultam da formação diferenciada de textos jurídicos quando o Legislativo concede intencionalmente poderes de decisão ao Executivo ou Judiciário. Seria muito difícil se estabelecer onde termina a interpretação e começa a discricionariedade, sendo que não existiria diferença entre a aplicação da lei e a discricionariedade. Para o autor, os conceitos indeterminados e a discricionariedade seriam fenômenos interligados, visto que o órgão administrativo deve lançar mão desta para poder preencher aqueles.

José Alfredo de Oliveira Baracho[280] faz uma abordagem geral interessante, explicando que a doutrina diferencia conceitos indeterminados de discricionariedade pela distinção teórica de que os primeiros só admitem uma única solução justa. Tal ideia se apoiaria num conceito transcendente de justiça e verdade e na aposta na possibilidade do discernimento humano. A solução justa poderia ser única no plano da filosofia pura, todavia, na maioria dos casos não seria possível atingi-la mediante processos discursivos ou probatórios, sendo essa a complexidade existente no assunto. O problema real se reduziria a determinar quem declara qual é a solução, que se há de estimar como justa e verdadeira, estabelecendo-se a solução conveniente ou mais conveniente, entre as aceitáveis e válidas pelo direito. Não está claro que exista uma diferença entre conceitos indeterminados e discricionariedade administrativa, pelo que a Administração pode levar a termo aplicações distintas do conceito que seriam igualmente lícitas, para uma solução juridicamente aceitável.

---

tre pelo menos dois comportamentos, cabíveis perante o caso concreto, a fim de cumprir o dever de adotar a solução mais adequada à satisfação da finalidade legal, quando, por força da fluidez das expressões da lei ou da liberdade conferida no mandamento, dela não se possa extrair objetivamente uma solução unívoca para a situação vertente. (*Curso de Direito Administrativo*, 2009, p. 961).

[278] CAMPOS, Francisco. *Direito Administrativo*. v. 1. Rio de Janeiro: Freitas Bastos, 1958, p. 22.

[279] KRELL, Andreas J. *Discricionariedade administrativa e conceitos legais indeterminados*, 2013, posição 764, 822, 966, 1057, *ebook* não paginado.

[280] *Teoria geral dos conceitos legais indeterminados*, 1999.

2.4. Do controle judicial e da solução justa para o caso concreto

Os "conceitos jurídicos indeterminados" são compreendidos como um fenômeno que se dá na linguagem dos textos normativos, que ocorre quando os *termos*[281] apresentam uma indeterminação real, ou seja, uma incerteza que não se dissipa com a utilização dos métodos linguísticos de atribuição de densidade em um plano sintático, semântico e/ou pragmático. À primeira vista, parecem traduzir uma espécie *de non liqued* por não permitir um sentido preciso; a linguagem sob a perspectiva assinalada não dá conta de compor um comando normativo prévio estabilizado que sirva à aplicação: eis que a indeterminação no Direito se apresenta com traços fortes, interpondo-se como uma realidade que angustia e desafia o jurista.[282]

Desde o momento do positivismo primevo do legalismo da Escola da Exegese, de seu fetiche à lei, que propugnava que as respostas a todas as questões jurídicas poderiam ser encontradas nos textos legais, que sequer necessitariam de interpretação,[283] proibindo os juízes de saírem dos limites estritamente gramaticais do texto da lei, muito baseado na mentalidade cartesiana de crença no poder dominador da

---

[281] Para usar a distinção entre texto e conceito de *Eros Grau* (*O direito posto e o direito pressuposto.* 5ª ed. São Paulo: Malheiros, 2003).

[282] Embora textos normativos previamente apresentados existam desde datas longínquas, sua importância para tradição jurídica ocidental e a forma de concebê-los é conectada historicamente com o iluminismo, a revolução francesa e as declarações de direitos. A doutrina da separação de Poderes, rigidamente traçada por Montesquieu, e o poder constituinte reconhecido ao povo por Seyés, em dado momento resultaram em uma aposta no texto e uma concepção de Direito que foram causas de grandes perplexidades sentidas até hoje, tal foi a forma como se arraigaram em nossa cultura jurídica. Observa-se que é uma concepção de legitimidade que se baseia numa versão textualista da segurança jurídica e da legalidade, ideia que é defasada, insuficiente para um direito constitucionalizado e principiológico, motivo pelo qual deve ser substituída pela de juridicidade, que se constitui pela ideia mais ampla de adequação às finalidades e ao conteúdo material imposto pelo ordenamento como um sistema normativo. Nesse sentido: GERRA, Sérgio. *Discricionariedade e reflexividade*, 2008, p. 130 e ss.

[283] "Todas as questões jurídicas estavam previstas nos textos legais sistematizados do *Code*. E se porventura não estivesse prevista lá, era porque não se tratava de uma questão jurídica. E com esse fundamento se poderia então argumentar o afastamento de qualquer prestação jurisdicional para uma pretensão sem respaldo jurídico. (...) As respostas do direito às questões práticas poderiam então ser simplesmente deduzidas dos textos legais segundo uma lógica analítica exageradamente dogmática.(...) Interpretar o texto da lei constituía inclusive um ato reprovável, já que o texto legal era considerado não só como resultado racional e iluminado de uma decisão política do legislativo, mas sobretudo como um valor superior ao próprio governo. (...) Para decisão jurídica cabia apenas aplicar a lei. E daí, também, tanto a fórmula de Rousseau, para quem os magistrados só têm que obedecer as leis fundamentais do Estado, quanto a de Montesquieu, segundo o qual o juiz é a boca da lei". (SIMONI, Rafael Lazzarotto. *Curso de hermenêutica jurídica contemporânea*. Curitiba: Juruá, 2014, p. 30/31). Por isso, a interpretação era apenas gramatical, concentrando-se nos elementos sintáticos do texto legal.

lei geral e abstrata que consubstanciaria uma razão teorética como expressão da ordem contra o arbítrio,[284] passando pela Escola Histórica do Direito[285] e a Jurisprudência dos Conceitos,[286] em que as respostas decorriam do trabalho dogmático de juristas suficientemente claros para aplicação, o que manifestamente se mostrou equivocado,[287] [288]

---

[284] XAVIER, Alberto. *Conceito e natureza do acto tributário*, 1972, p. 293/294.

[285] A Escola Histórica (Savigny – 1779/1861) afirmava a natureza histórica do Direito e, contra o racionalismo mecanicista, advogava a favor de uma compreensão do direito como um dos resultados do próprio espírito do povo (*Volksgeist*), cuja constituição é sempre sua expressão histórica e cultural. Logo, o principal vetor de racionalidade jurídica era o direito costumeiro. e não a lei escrita, o que justifica o interesse das origens do direito e de sua ciência nos textos romanos. Essa compreensão histórica e cultural é vista como imposição epistêmica, ou seja, relativa a ideais de verdade científica, sendo que o Direito deveria ser descoberto historicamente, extraído pelos *juristas*, seus únicos legítimos tradutores, segundos *métodos* propugnados (gramatical, lógico, histórico, sistemático e teleológico). Nesse sentido, a dinâmica histórica dos processos de formação do direito deveria ser explicitada cientificamente através de elaborações sistemáticas, obviamente analítica, e apresentada sob a forma dogmática pelos juristas para que fosse aplicada aos casos concretos. A fonte do direito era a dogmática da própria Escola Histórica do Direito. Resultou numa concepção estritamente analítica de um sistema conceitual, um sistema de proposições gerais e abstratas, ponto de partida para Jurisprudência dos Conceitos.

[286] A Jurisprudência dos Conceitos (*Begriffsjurisprudenz*) ou Método da Dogmática Jurídica surgiu a partir da Escola Histórica do Direito, tendo como representante Georg Friedrich Puchta (1798/1846) – que foi aluno de Savigny, Bernard Windscheid (1817/1892) e Rudolf von Ihering (1818/1892) – em sua primeira fase, sendo caracterizada pela genealogia dos conceitos, organizados em uma pirâmide conceitual construída segundo as regras da lógica formal. Nesse sentido "é possível afirmar que a jurisprudência dos conceitos representou, política a juridicamente, aquilo que o exegetismo representou na França, pela relevante circunstância de ambas as teses terem como pressuposto a equiparação entre Direito e lei (ou Direito e Conceito – a pandecta). Com isso, o juiz não podia fazer discursos de validade ou sobre a validade do Direito, estando seu trabalho reduzindo à subsunção. A tarefa do juiz se restringia a ser um ato de conhecimento, sendo-lhe vedado alterar o conteúdo dos atos estatutários (leia-se, na Alemanha, os conceitos produzidos pelos juristas)" e que era "marcada pela crença em um Direito sem lacunas, em formato lógico de pirâmide conceitual, e desenvolvido a partir dos padrões clássicos de indução e dedução", representando o apogeu do pandectismo. (STRECK, Lenio Luiz. *Dicionário de hermenêutica*. 2ª ed. Belo Horizonte: Casa do Direito, 2020, p. 145/146). Observe que a Escola Histórica do Direito e a Jurisprudência dos Conceitos são correntes filosóficas distintas no campo do Direito. Enquanto a Escola Histórica valoriza a dimensão histórica e cultural do Direito, a Jurisprudência dos Conceitos destaca a sua dimensão lógica e abstrata, embora possa se preocupar com aspectos sociais, históricos e culturais. De uma dogmática sistemática-institucional passa-se para um estilo sistemático-conceitual, que acaba transformando o Direito, de um acontecimento histórico e cultural, em uma Jurisprudência dos Conceitos, que substituiu a história, as instituições, a lei, pelo conceito, o que lhe aproxima mais da analítica sintática da Escola da Exegese do que de sua antecessora Escola Histórica do Direito.

[287] Desde esse momento já se anteviu a insuficiência dessa forma de conceber o texto como início e fim para todas as coisas e, por isso, acabaram por permitir um referencial externo na vontade do legislador (*voluntas legislatoris*) ou no espírito do povo (*Volksgeist*), respectivamente. Como refere *Engisch* "Esta concepção da relação entre a lei e o juiz entrou de vacilar no decurso do século XIX. Começa então a considerar-se impraticável o postulado da estrita vinculação do juiz à lei, por isso que não é possível elaborar leis co tanto rigor e fazer a sua intepretação em comentários oficiais de modo tão exacto e esgotante que toda a dúvida quanto à sua aplicação seja afastada". (ENGISCH, Karl. *Introdução ao pensamento jurídico*. Lisboa: Fundação Calouste Gulbenkian, 2001)

chega-se ao séc. XX com o positivismo de *Hart*[289] e *Kelsen*,[290] que expressamente reconhecem a incerteza/insuficiência da linguagem como causa da discricionariedade.

Esse contexto parece melhor permitir o entendimento sobre a celeuma dos "conceitos jurídicos indeterminados" vista desde o debate *Tezner vs. Bernatzik*, porque mistura "apreciação" e "discricionariedade" como se fossem a mesma coisa ao abandonar a dificuldade simplesmente reconhecendo que a decisão judicial é um ato de vontade e/ou uma questão de escolha, e não de aplicação do Direito.[291] Por isso houve diversas tentativas falhas em explicar o fenômeno, ora se tentando partir da estrutura dos enunciados, outras vezes admitindo-se uma resposta defensável, outras vezes equiparando apreciação e discricionariedade, ou simplesmente reconhecendo uma equivocada margem de apreciação.

Na verdade, o próprio termo "discricionariedade" é ambíguo. Podem ser identificadas três acepções para o poder discricionário. Em primeiro lugar, pode existir poder discricionário se a decisão se basear em padrões jurídicos a respeito dos quais as pessoas podem interpretar de maneiras diferentes; em um segundo sentido, se dá quando a decisão for definitiva, assim caracterizada quando nenhuma autoridade superior lhe possa rever; em terceiro lugar, haverá poder discricionário quando o conjunto de padrões que lastreiam a decisão, por impor os respectivos deveres, na verdade, não impõe a tomada de uma decisão específica, permitindo uma escolha.[292] O juiz pode ter poder discricionário no primeiro e no segundo sentidos, mas parece não o possuir no terceiro sentido. Ora, diante de um caso a ser julgado, abrem-se três hipóteses: (a) julgar procedente em favor do

---

[288] Em virtude da vagueza da linguagem jurídica, quase todos os conceitos são marcados pela indeterminação, sendo a determinação absoluta uma ilusão herdada da Escola da Exegese e da Jurisprudência dos Conceitos.

[289] HART, Herbert Lionel Adolphus. *O conceito de direito* (trad. A. Ribeiro Mendes). 3ª ed. Lisboa: Fundação Calouste Gulbenkian, 1994.

[290] KELSEN, Hans. *Teoria Geral do direito e do Estado*. Trad. Luís Carlos Borges. 4ª ed. São Paulo: Martins Fontes, 2005; *Teoria Pura do Direito*. 7ª ed. São Paulo: Martins Fontes, 2006.

[291] Obviamente é preciso entender o que queremos dizer em termos. *Kelsen* trata da questão no plano de seu recorte espistemológico. Ele reconhece a multifacetada natureza da decisão judicial, colocando a pureza do Direito apenas no plano científico e, conforme o capítulo VIII de sua Teoria Pura do Direito, entende que a decisão judicial é tomada discricionariamente dentro da moldura da norma. Por sua vez, *Hart* reconhece a possibilidade de decisões judiciais incorretas, sendo interessante sua analogia com o jogo de críquete e o jogo da discricionariedade do marcador, entretanto, acaba por admitir a discricionariedade judicial diante da textura aberta da linguagem que jamais poderia ser eliminada.

[292] DWORKIN, Ronald. *Levando os direitos a sério*, 2007, p. 108/113. Tal distinção é retomada por EROS GRAU. *O direito posto e o direito pressuposto*, 2008, p. 193.

autor, (b) improcedente em favor do réu, ou então, que seria permitido (c) escolher qualquer uma dessas decisões. O Direito pode conferir a terceira hipótese, de escolha, tal como ocorre como a discricionariedade administrativa, todavia, isso depende da consideração de todas as informações jurídicas tomadas em conjunto e apenas se verifica na atividade administrativa, dada a sua natureza, mas não na atividade jurisdicional. Se o juiz não está incerto acerca da procedência ou improcedência, deveria decorrer que pudesse escolher qualquer uma das opções, mas não é isso que ocorre, nos casos que se apresentam, o caso é tratado à vista dos padrões normativos que estão obrigados considerar, como uma questão do que os juízes, enquanto juízes, estão obrigados a fazer, sendo rejeitada a possibildiade de mera escolha.[293] Estas diferentes acepções confundem, e o correto é entender-se a discricionariedade apenas nesse terceiro sentido, já que as outras tratam de interpretação/apreciação, e não de discricionariedade.

Outrossim, não se vislumbra uma diferença de natureza entre conceitos determinados e indeterminados,[294] mas apenas uma diferença de grau relativo à indeterminação,[295] que tanto uns como outros possuem em diferente medida e que desnudam suas complexidades somente diante do caso concreto.

Assim, se tomadas na devida conta as acepções, percebemos que a apreciação dos "conceitos jurídicos indeterminados" pelo adminis-

---

[293] Segundo *Bandeira de Mello*, é um erro falar em discricionariedade judicial, ainda que se reconheça que o magistrado, para pronunciar-se, executa operações mentais em tudo e por tudo substancialmente iguais às que o administrador realiza quando no exercício da discrição (...) Isto porque a função do juiz consiste na dicção do direito ao caso concreto, o que faz com que suas decisões não sejam convenientes ou oportunas, mas simplesmente o que a lei determina naquele caso concreto. Assim, um juiz jamais poderia dizer que tanto cabia uma solução quanto a outra (o que é característico da discricionariedade), mas apenas que a decisão tomada é a que o Direito impõe naquele caso. Ora, quando se fala em discricionariedade judicial, tem-se em vista um espaço a partir do qual o julgador poderia criar a solução adequada para o caso, o que é arbitrário; por sua vez, a discricionariedade administrativa sempre está adstrita à legalidade. Na verdade, o controle judicial sempre está delimitado pela lei e dominado pelo raciocínio jurídico, ao passo que na discricionariedade prevalece aspectos de conveniência, oportunidade, prognose, ponderação de múltiplos interesses, formulação de políticas etc. (BANDEIRA DE MELLO, Celso Antônio. *Discricionariedade e controle judicial.* 2ª ed. São Paulo: Malheiros, 1998, p. 26, rod. 12)

[294] *Less* já apontava em 1957 que a expressão "conceitos jurídicos indeterminados" seria mera construção jurídico-conceitual, uma quimera. (E. LESS, *Begriffsherrschaft und Verwaltungstatigkeit*, DÖV, 1957, p. 418 e 421, *apud* SOUSA, António Francisco de. *Conceitos jurídicos indeterminados no direito administrativo*, p. 24, nota de rodapé nº 15, que também aponta que classificar um conceito legal de "indeterminado" já é em si problemático).

[295] Nesse sentido: SOUSA, António Francisco de. *Conceitos jurídicos indeterminados no direito administrativo*, p. 23/25; NEVES, António Castanheira. *Questão-de-facto, questão-de-direito, ou o problema metodológico da juridicidade.* Coimbra, 1967, v. 1, p. 135, 140 a 146 e 158.

trador e pelo juiz possuem a mesma natureza,[296] pois como nos diz *António Francisco de Sousa*, *"trata-se de sempre e só de interpretação, a conduzir à uma reposta justa (e não uma escolha)"*, logo, concluímos pela distinção entre a discricionariedade e a vinculação à lei apresentada nos conceitos indeterminados. Sendo assim, não existem problemas no controle judicial, que deve existir em todos os casos que seja necessário, principalmente considerando-se a necessidade de um Estado de Direito efetivo, que somente se concretiza quando tutelados jurisdicionalmente os direitos dos cidadãos, o que rechaça todas as teorias que almejam restringir a tutela jurisdicional.

Outrossim, as diversas objeções práticas que são comumente opostas ao controle judicial[297] são todas muito bem afastadas,[298] ao contrário, no aspecto prático, é fácil perceber o caráter pedagógico em se submete a administração à tutela jurisdicional. Uma margem de apreciação abriria espaço para arbitrariedades, uma vez que parece

---

[296] Aqui é necessário ressaltar que a confusão entre discricionariedade administrativa e discricionariedade judicial só existe quando se confundem as três acepções. Tal como *Bandeira de Mello* (ob. cit., 1998), *Francisco de Sousa* (*A discricionariedade administrativa*, 1986, p. 67) e *Streck* (*Verdade* e consenso, 2014, p. 50 e ss.) adotam o conceito restrito de discricionariedade, também o adotamos. Portanto, deve-se chamar de discricionariedade apenas aquelas hipóteses em que há possibilidade explícita de escolha outorgada pelo legislador.

[297] Apontam-se como argumentos contra um controle judicial profundo dos conceitos indeterminados: a) *Falta de preparação técnica do juiz*, considerando que a preparação do juiz é estritamente jurídica, ao passo que a administrativa seria mais direcionada e com especialidade técnica; b) *Distanciamento do juiz em relação aos fatos*, já que a atividade judicial é posterior aos fatos, distanciando-se dela, o que compromete a reconstituição da situação a ser apreciada; c) *A decisão administrativa é tomada num quadro de programa de ação político-administrativa; d) Necessidade de flexibilidade e dinâmica da Administração;* a Administração precisa encontrar a medida certa no momento certo, não podendo ficar tolhida por um controle pleno, sob pena de comprometer o interesse público; e) *Inflação legislativa*, o excesso de regulamentação trava a Administração; a justiça do caso concreto não se adequa a uma visão rígida e *ex ante* da realidade; f) *Responsabilidade político-administrativa da Administração.* Quem responde pelos resultados da atividade administrativa é a Administração, portanto, a ela deve caber a última palavra; g) *Legitimidade democrática da Administração.* A Administração é eleita pelo povo, administra em nome do povo e responde perante ele; h) *Caráter pessoal de certos tipos de decisão.* Há uma insubstituibilidade da entidade que decide. Ex. Júri em exames orais; i) *Caráter institucional da Administração:* a Administração também é independente e imparcial dada sua institucionalidade.

[298] Argumentos em favor do controle judicial: a) *A função precípua do Poder Judiciário é julgar* os casos que se apresentam, aferindo a aplicação do Direito. Se não pudesse julgar, não teria razão para existir; b) *Os conceitos jurídicos indeterminados relacionam-se a uma atividade vinculada e sujeita à uma* ***única solução justa***, decorrente de atividade de mero reconhecimento de algo já existente, cuja decisão sujeita-se ao controle judicial; c) *A falta de preparação técnica é apenas aparente*, pois o juiz é profissional qualificado para julgar e, sendo o caso, pode se valer de peritos. Ademais, uma exigência técnica, por si só, não pode ser considerada atributiva de discricionariedade; d) *A dificuldade de controle judicial não é fundamento para discricionariedade*, sendo coisas distintas. Nesse sentido: SOUSA, António Francisco de. *Das Ermessen der Verwaltungsbehorde im Europiiischen Kontinentalsystem* (Freiburg – RFA – 1986); *A discricionariedade administrativa*, 1987; *Conceitos indeterminados no Direito Administrativo,*, 1994; *Direito Administrativo.*, 2009; *Discricionariedade administrativa e Estado de direito efetivo*, 2020, dentre outros.

correto dizer que, dadas as vicissitudes do ser humano, que um mau controle gera uma má administração.

Em relação ao suposto óbice da separação de Poderes,[299] sob o argumento de que esse controle invadiria a esfera reservada à Administração, estamos convictos que "julgar é, ainda, administrar"[300] e isso não ofende a separação de Poderes, pelo contrário, promove seu adequado funcionamento. Deve-se sempre ter em vista que foi superada a dicotomia entre a vontade do monarca e a vontade do povo representado pelo parlamento, eis que no Estado Democrático de Direito, tanto o Legislativo como o Executivo possuem vínculos democráticos de modo que a separação de Poderes passa a ser estabelecida numa necessidade de harmonização e interdependência na consecução dos fins públicos. Não se trata de um poder se submeter ao outro, mas de cada um cumprir escrupulosamente a sua função. O órgão de controle que não controla, não interfere na atividade do órgão controlado, no entanto, também não cumpre sua função; o órgão de controle que cumpre sua função controla e interfere na ação do órgão controlado, influenciando, porventura determinantemente, a ação (da Administração), enfim administrando.[301] É da natureza do controle interferir na atividade controlada e do princípio da democracia parlamentar não deve ser deduzida uma primazia do Parlamento e de suas decisões em relação aos outros Poderes como princípio interpretativo que superasse toda coordenação concreta de competências,[302] do motivo pelo qual entre legislar e julgar, tal como entre administrar e julgar, verifica-se uma necessária interlocução com vista à melhoria da realidade social existente.

Quanto à dificuldade do controle judicial, entende-se que ela não transforma um poder vinculado em discricionário. A diferença entre casos fáceis e casos difíceis não tem sentido,[303] como também não tem

---

[299] É comum o argumento de que a separação de poderes impediria o que se chamou de dupla administração (*Dopplelverwaltung*), caracterizado pela substituição da discricionariedade da administração pela discricionariedade dos tribunais.

[300] Podemos dizer que "julgar é ainda administrar", no sentido de que os tribunais têm o dever de usar o seu poder de interpretar e aplicar a lei e em geral de usar a sua jurisprudência e o seu "direito jurisdicional" para impor à Administração uma mudança de comportamento e uma nova cultura de ética administrativa e de observância da lei e do direito. (SOUSA, António Francisco de. "Controle da Administração pelos tribunais: julgar é ainda administrar". In: *Jornal do Estado de Direito*. São Paulo, 2011)

[301] Idem.

[302] KRELL, A. J. *Discricionariedade administrativa e conceitos legais indeterminados*, posição 264.

[303] Como refere *Manuel Atienza*: "Um caso é fácil quando, aplicando os critérios do que chamei racionalidade formal, o resultado é uma decisão não controvertida. Um caso é, pelo contrário, difícil quando, ao menos em princípio, pode receber mais do que uma resposta correcta: o caso coloca a

sentido uma diferenciação entre "conceitos jurídicos determinados" e "conceitos jurídicos indeterminados", pois tal diferença é apenas de grau, e esse fundamento é essencial ao enfrentamento do tema.[304]

Para bem entender isso, é necessário termos em mente que essas premissas fazem sentido a partir do paradigma[305] que entende que interpretação e aplicação estão unidos em um processo unitário, a interpretação só ocorre diante do caso concreto, entre texto e norma há uma diferença ontológica[306] e existe a necessidade de adequação do Direito à sociedade. Na verdade, o que comumente se designa como subsunção encontra dificuldades na constatação de que a apreciação é ínsita à atividade interpretativa que essencialmente constitui o Direito. É preciso uma mudança de perspectiva.

---

necessidade de harmonizar entre si valores ou princípios que estão em conflito, e apresentam-se diversas soluções capazes de atingir um equilíbrio, e que não sacrificam nenhuma exigência que forma parte do conteúdo essencial dos princípios ou dos valores últimos do ordenamento". (*Tras la justicia, uma introduccion al Derecho y al razoamiento jurídico*, 1993, p. 174/175). Ocorre que, para nós, as teorias que diferenciam casos fáceis e casos difíceis o fazem pela distinção entre semântica e pragmática, caminho diverso do trilhado nesse trabalho, conforme se verá a seguir.

304 Por todos, cite-se "a bem dizer, não existem conceitos absoluta e rigorosamente determinados; e que, deparando com aquilo que já se tem designado por uma 'indeterminação imanente' de todos os conceitos, se é forçado a reconhecer que a problemática da indeterminação não é tanto de natureza como de grau" (XAVIER, Alberto. *Os princípios da legalidade e da tipicidade da tributação*, 1978, p. 97)

305 A noção de paradigma, no sentido aqui usado, advém da filosofia da ciência de Thomas Kuhn, cuja perspectiva historicista leva ao entendimento de que a evolução das ciências não se dá numa espécie de aproximação das descrições científicas com a realidade, mas sim numa mudança de paradigmas. Os paradigmas consubstanciam modelos teóricos, vigorantes durante um certo tempo na comunidade científica e servem como parâmetro para a aferição dos "problemas" científicos e da sua própria solução. Um paradigma, pois, é aquilo que os membros da comunidade partilham. Nesse sentido, a revolução científica opera uma verdadeira mudança na concepção de mundo, como se a comunidade científica fosse subitamente transportada para um novo planeta, onde objetos então familiares são vistos sob uma luz diferente. (*A estrutura das revoluções científicas*, 2011). A transição paradigmática abre grande espaço para a inovação, a criatividade e a opção moral, o que permite um novo conhecimento que, como nos diz *Boaventura de Souza Santos* se "assenta num des-pensar do velho conhecimento ainda hegemônico, do conhecimento que não admite a existência de uma crise paradigmática porque se recusa a ver que todas as soluções progressistas e auspiciosas por ele pensadas foram rejeitadas ou tornaram-se inexequíveis" (*Um discurso sobre as ciências*, 2001, p. 186)

306 Cf. BARRETO, Jupyra Vilela; RIBEIRO, Glória Maria F. "O ser dos entes que vêm ao encontro no mundo circundante: uma análise do parágrafo 15 de Ser e Tempo de Martin Heidegger", 2008; GADAMER, Hans-Georg. *Verdade de método I*, 2012; HEBECHE, Luiz. *Sobre Heidegger*: Curso sobre contribuições à filosofia, 2021; HEIDEGGER, Martin. *Ser e tempo*, 2006; OLIVEIRA, Manfredo Araújo. *Reviravolta linguístico-pragmática na filosofia contemporânea*, 2001; PEDRON, Flávio Quinaud; OMMATI, José Emílio Medauar. *Teoria do direito contemporânea*, 2020; STRECK, Lenio L. *Verdade e consenso*, 2014; WITTGENSTEIN, Ludwig. *Investigações filosóficas*, 1999; *Tratado lógico-filosófico*, 1968; bem como a análise preliminar que fazemos em REIS JÚNIOR, Ari Timóteo dos. "O que é isto? Vontade do legislador (*voluntas legislatoris*) e vontade da lei (*voluntas legis*): sobre o modo como se interpretam as leis". *Jus Navigandi*, 17/04/2023, disponível em: https://jus.com.br/artigos/103607/o-que-e-isto-vontade-do-legislador-voluntas-legislatoris-e-vontade-da-lei-voluntas-legis-sobre-o-modo-como-se-interpretam-as-leis, acesso em 18/4/2023.

As múltiplas respostas se movem no campo da sintática e da semântica,[307] como se o direito pudesse ser descrito a partir de sentidos aos quais, posteriormente, se acoplassem fatos. Ao separar interpretação e aplicação, incorre-se no problema da indeterminação real, pois o texto (tomado em si próprio, como algo diferente do caso concreto) não dá conta de conferir respostas precisas,[308] na mesma medida em que pautas gerais prévias não funcionam porque inviável conferir respostas antes das perguntas. Por isso, qualquer postura formalista paga o preço de sustentarem uma visão incompleta da realidade jurídica, que apenas resolve casos claros,[309] representando um desconhecimento da própria essência do Direito. Por outro lado, à luz do caso concreto, é possível construir a melhor solução, a solução justa.

Se é certo que a aplicação-interpretação (*applicatio*) de conceitos legais não ocorre mediante simples subsunção,[310] um simples silogismo ou uma mera operação lógico-dedutiva se assim se preferir dizer e, da mesma forma, mesmo que se diga que é impossível à lei predeterminar todas as possibilidades de casos que possam ocorrer no futuro[311] (e aqui reside a insuficiência do formalismo positivista), isto não autoriza que se infira, como solução, uma aposta na discricionariedade (possibilidade de escolha) no sentido de que a decisão se daria por

---

[307] STRECK, Lenio L. *Verdade e consenso: constituição, hermenêutica e teorias discursivas*. 5ª ed. São Paulo: Saraiva, 2014, posição 7840, *ebook*.

[308] *Castanheira Neves* vai lembrar que não se logrou ainda compreender que o fato de deparar-se o jurista, nas fontes formais do Direito, com textos não implica necessariamente que o objeto interpretado seja a significação textual desses textos-dados e não antes a significação normativa porventura neles objetivada, e que assim não já o texto, mas a norma, será o objeto interpretando, não obstante o dado do texto (*O actual problema metodológico da intepretação jurídica*, 2003, p. 287).

[309] STRUCHINER, Noel. *Direito e Linguagem*, 2002, p. 133.

[310] *Larenz* já percebia que "O que o jurista frequentemente designa, de modo logicamente inadequado, como 'subsunção', revela-se em grande parte como apreciação com base em experiências sociais ou numa pauta valorativa carecida de preenchimento, como a coordenação a um tipo ou como a interpretação da conduta humana, particularmente do sentido juridicamente determinante das declarações de vontade. A parte da subsunção lógica na aplicação da lei é muito menor do que a metodologia tradicional supôs e a maioria dos juristas crê. É impossível repartir a multiplicidade dos processos da vida significativos sob pontos de vista de valoração jurídicos num sistema tão minuciosamente pensado de compartimentos estanques e imutáveis, por forma a que bastasse destacá-los para encontrar um a um em cada um desses compartimentos. Isso é impossível, por um lado, porque os fenômenos da vida não apresentam fronteiras tão rígidas como as exige o sistema conceitual, mas formas de transição, formas mistas e variantes numa feição sempre nova. É impossível ainda, porque a vida produz constantemente novas configurações, que não estão previstas num sistema acabado. É também impossível, por último, porque o legislador, como várias vezes sublinhamos, se serve necessariamente de uma linguagem que só raramente alcança o grau de precisão exigível para uma definição conceitual. Não pode portanto causar espanto que o ideal de um sistema abstrato, fechado em si e isento de lacunas, construído com base em conceitos abstratos, nem mesmo no apogeu da "Jurisprudência dos Conceitos" tenha sido plenamente realizado." (*Metodologia da Ciência do direito*, 1997, p. 645).

[311] JORGE, Cláudia Chaves Martins. *Realismo jurídico e a indeterminação do Direito*, 2022, p. 58.

um ato de vontade,[312] e nesse ponto situa-se o fracasso das várias teses analisadas neste trabalho.

É sintomático observar que a admissão de decisionismos, indeterminações e discricionariedades como inerentes ao fenômeno jurídico funcionou como suporte ao surgimento do movimento realista norte-americano, que passaria a advogar a "desimportância" da dogmática, da lógica, da racionalidade, e sobretudo do papel da lei (que é relegada a segundo plano), identificando o fenômeno jurídico como a prática do Poder Judiciário, segundo a qual o Direito é aquilo que os tribunais dizem que ele é.[313] Para *Frank*,[314] um realista considerado extremado, interpretar não é apenas buscar o significado da lei ou da intenção do legislador, mas uma busca de solução por parte do juiz, que acaba em uma criação livre de uma decisão particular.

Não concordamos com essa perspectiva, nem trilhamos o mesmo caminho daqueles que consideram o fenômeno jurídico inevitavelmente indeterminado no sentido de que não dimana um resultado único que exclua os outros. A atividade criativa está presente,[315] mas ela é guiada para a solução justa ao caso concreto: a solução correta, que não é um mero ato de vontade ou de escolha, e a interpretação não consistem apenas na aplicação das "palavras" do texto da lei.

A dicotomia entre determinismo e indeterminismo e a lógica de tudo-ou-nada pela qual perpassam, que segue uma concepção segundo a qual a conduta está ou não totalmente regulamentada previamente pelo ordenamento jurídico, não é a única via possível, existe outro caminho. Não é preciso que se conceba que a resposta esteja no ordenamento necessitando apenas ser encontrada, tal qual um metal precioso a aguardar sua descoberta; nem que se aposte em uma

---

312 Nesse sentido: KRELL, Andreas J. *Discricionariedade administrativa e conceitos legais indeterminados*, 2013, posição 1597.

313 O direito não é lógica, mas experiência; não é um mistério, mas uma profissão (Oliver Wendell Holmes Jr.). Assim, é uma falácia dizer que o Direito seria resultado da utilização de métodos lógicos. Segundo *Jorge*, o "*realismo critica o formalismo jurídico, a tendência do Direito como ciência, o objetivismo, a utilização da lógica e a busca da certeza jurídica*", sendo prioridade desmistificar a conexão entre o Direito e as regras formais. Isto é assim porque veem o Direito como um fenômeno dinâmico, e por isso defendem o ponto de vista da aplicação da norma, mas não aquele Direito estático, compreendido como um conjunto de normas gerais. Logo, o que interessa é o Direito em ação, e não o Direito dos livros. (JORGE, Cláudia Chaves Martins. *Realismo jurídico e a indeterminação do Direito*, p. 50)

314 FRANK, Jerome. *Derecho e incertidumbre*. Trad. Carlos M. Bidegain. México D.D.: Coyocación, Fontamara, 1991,p. 119.

315 Cf: REIS JÚNIOR, Ari Timóteo. "Hermenêutica e aplicação do Direito: Breves apontamentos sobre a interpretação jurídica no paradigma contemporâneo". *Revista Jus Navigandi*, ISSN 1518-4862, Teresina, ano 16, n. 2794, 24 fev. 2011. Disponível em: https://jus.com/artigos/18553. Acesso em: 22 fev. 2023.

escolha subjetiva em decorrência de um ceticismo injustificado. Na realidade, a resposta é construída no caso concreto, mas sem que seja preciso tomar decisões discricionárias.

Hermeneuticamente, é possível apontar várias teorias que justificam a decisão judicial em face de "conceitos indeterminados". A este respeito, citem-se as teorias argumentativas,[316] bem ilustradas nas palavras de *Krell*[317] quando diz que "na sindicância da aplicação de conceitos jurídicos indeterminados pelo administrador, o juiz não deve observar se o resultado dessa operação foi *correto*, mas se foi adequadamente motivado e justificado, tornando-se sustentável". Observe que isso permite a decisão por uma escolha subjetiva posteriormente justificada mediante os propugnados argumentos racionais que seriam suficientes para sustentá-la.[318] Tal raciocínio peca justamente em não conseguir evitar a discricionariedade, porque se move no campo da pragmática, substituindo, quando convém, a própria semântica, ademais, tudo se resume ao proceduralismo-argumentativo que, por ter pretensão corretiva, acaba se substituindo ao próprio Direito.

Por outro lado, temos teorias conteudísticas como o direito como integridade,[319] [320] que entende que os juízes devem buscar a solução

[316] Nas teorias discursivas, a argumentação é o único meio disponível para se certificar a verdade, a correção da decisão, porque só é possível se atribuir sentido a alguma coisa quando outra pessoa que possa dialogar comigo também o possa aplicar, ou seja, baseia-se num acordo potencial de todos os outros. Observa-se, assim, que não há espaço para substancialidade. Uma afirmativa normativa é correta se ela pode ser resultado de um procedimento específico que é o discurso racional. Por isso, não faz sentido dizer que os conceitos indeterminados devem ser apreendidos através de operação interpretativa consistente na mera intelecção da lei, ao contrário da discricionariedade que permitiria uma opção administrativa. Os conceitos indeterminados, tais como bem comum, bons costumes, boas práticas, etc., não têm um conteúdo formalmente determinado e, exatamente por este motivo a sua determinação no caso concreto, só pode se dar através de sua justificação por bons argumentos.

[317] KRELL, Andreas J. *Discricionariedade administrativa e conceitos legais indeterminados*, 2013, posição 1613; No mesmo sentido: PAIVA, Raií Sampaio de. *Entre o mestre, a quimera e o iceberg*: da relação necessária entre métodos de interpretação e a aplicação de conceitos jurídicos indeterminados, 2022.

[318] No mesmo sentido dizia o precursor do realismo jurídico norte-americano Oliver Wendell Holmes Jr, *apud* JORGE, Cláudia Chaves, Martins, *Realismo jurídico e a indeterminação no direito*, p. 44.

[319] DWORKIN, Ronald. *Levando os direitos a sério*, 2007; *O império do Direito*, 1999.O autor defende que existe sempre uma resposta correta, a atingir através de uma interpretação construtiva, que considera não somente as regras, como também os princípios e a prática legal de uma comunidade. Para Dworkin, a interpretação não consiste na aplicação das "palavras" (Nesse sentido: DOURADO, Ana Paula. *O princípio da legalidade fiscal*, 2019, p. 363, nota de rodapé nº 1047).

[320] A metáfora do *juiz Hércules*, um juiz com capacidade, sabedoria, paciência e sagacidade sobre-humanas, capaz de resolver os casos difíceis através de uma análise completa da legislação, precedentes e dos princípios. Ao decidir, Hércules sabe o que outros juízes já decidiram em situações afins, devendo considerar as decisões históricas como parte de uma longa história que ele deve interpretar e continuar, de acordo com suas opiniões sobre o melhor andamento a ser dado à história em questão. Hércules adota o direito como integridade, por entender que oferece

que melhor promova a coerência e a consistência do sistema jurídico como um todo, levando em consideração os princípios e valores morais que o sustentam, em uma tarefa hercúlea; nessa medida, a indeterminação de regras jurídicas obriga a recorrer a direitos ou a argumentos principiológicos de modo a construir a melhor solução para o caso concreto, sendo vedado ao juiz lançar mão de seus princípios de sua conduta pessoal, sua própria visão de mundo, etc. No Brasil, *Streck*[321] desenvolve sua Crítica Hermenêutica do Direito também com uma noção conteudística na construção da tese da resposta adequada à Constituição, sob o fundamento de que uma interpretação compatível com o Estado Democrático de Direito não poderia admitir múltiplas respostas, cuja consequência seriam discricionariedades, arbitrariedades e decisionismos; sendo o caso concreto irrepetível, a resposta é simplesmente uma para aquele caso, que não será a única resposta, mas, sim, "a resposta", a resposta verdadeira, mas que não é uma única resposta para o caso, nem tampouco uma entre várias respostas para o caso.

Pensamos que o mero controle do discurso com vistas à racionalidade não legitima uma decisão subjetiva do julgador, principalmente porque essa argumentação permite vários caminhos igualmente subjetivos. Parece ser preferível como caminho a trilhar que devemos dar nossa melhor intepretação possível e tentar buscá-la a todo momento. Admitir a subjetividade, com um pretenso controle argumentativo, apenas camufla o problema, não o resolve. Assim, deve-se buscar a justificação numa teoria de correção substancial das decisões, e não apenas procedimental, sendo a resposta correta possível como demonstram as teorias hermenêuticas citadas. Destarte, o caminho de uma única solução possível na interpretação e aplicação dos conceitos indeterminados mostra-se irretocável,[322] permitindo, perfeitamente, o seu controle judicial.

---

a melhor adequação quando a melhor justificativa da prática jurídica como um todo. A ideia é que estamos inseridos em uma *comunidade de princípios*, ou seja, que nossos destinos estão fortemente ligados por sermos governados por princípios comuns, e não apenas por regras criadas por acordo político, estas últimas fruto de negociação entre interesses antagônicos. A atividade política debate sobre quais princípios a comunidade deve adotar como sistema, que concepção deve ter de justiça, equidade e devido processo legal, ao contrário do modelo de regras no qual cada pessoa tenta fazer valer suas convicções pessoais .

[321] STRECK, L. L. *Verdade e consenso*, 2014.

[322] Um dos argumentos a favor do controle jurisdicional é o seguinte: "A interpretação e aplicação de conceitos legais indeterminados representa pois sempre uma mera actividade de reconhecimento ou constatação de uma realidade existente. Perante essa constatação, a lei impõe sempre à Administração uma e só uma modalidade de comportamento. A Administração está pois vinculada a decidir no sentido imposto pela lei." (SOUSA, António Francisco de. *Conceitos indeterminados no Direito Administrativo*. Coimbra: Almedina, 1994, p. 206).

Conclusão

No presente estudo, buscou-se discutir as exigências da legalidade tributária no atual momento do Estado Democrático de Direito, especificamente no que concerne a presença, possibilidade, problemas, vantagens, repercussões, compreensão, interpretação, limites e formas de trabalho dos conceitos jurídicos indeterminados no campo das imposições tributárias, bem como a possibilidade de seu controle judicial.

Caminhou-se particularmente por perspectivas sensíveis que transitam no Direito Tributário por seus dois pilares fundamentais: segurança e justiça. De um lado, temos a legalidade, a proteção à confiança, a necessidade de planificação econômica, relacionadas a uma perspectiva garantística individual que tende a exigir da lei uma regulamentação de tal modo precisa que iniba subjetivismos e garanta previsibilidade; de outro, apresentam-se a isonomia, a capacidade contributiva e a justiça social, referidos a uma perspectiva coletiva que guia ao dever fundamental de pagar impostos, amparando certa abertura da lei para que essa seja funcionalmente adequada.

O tema é discutido pela doutrina por toda parte e há confusões sobre diversos aspectos teóricos centrais que precisam ser melhor esclarecidos, havendo muito a caminhar até um consenso satisfatório. A alta complexidade e mutabilidade da realidade contemporânea fazem pensar que a ótica de uma lei onipotente talvez possa estar sobrecarregada, fazendo vicejar os conceitos indeterminados como uma possível solução, sem que se compreenda bem suas repercussões.

Inicialmente, concluímos que a ideia de autotributação/consentimento dos impostos, que nos primórdios sustentava o princípio da legalidade tributária, não mais subsiste com o perfil que inicialmente lhe era conferido. A imposição tributária não deve mais ser enxergada como uma relação vertical fisco-contribuinte, que toma o Estado como opressor das liberdades e entende os interesses de todos os contribuintes como contrapostos ao do Estado, mas como uma relação horizontal entre todos os contribuintes de uma dada sociedade que buscam a justiça fiscal, de modo que é depositada na lei a missão de instituir tributos que não são consentidos naquela perspectiva medieval, mas instituídos no interesse geral, decorrentes do pluralismo na eleição dos fatos-signos presuntivos de riqueza que ao mesmo tempo se submetem à Constituição, abrindo-se à justiça.

As noções de *Tatbestand*, tipo e tipicidade fechada, foram claramente estabelecidas com o objetivo de expulsar confusões que turvam a análise. *Tatbestand* não pode ser correspondido a "tipo", mas aos pressupostos normativos estabelecidos que farão nascer a obrigação tributária em todos seus aspectos essenciais. O "tipo", por sua vez, deve ser abandonado, pois não existem "conceitos-tipos", devendo ser considerado apenas na forma de raciocínio tipológico componente do complexo processo de interpretação/aplicação da lei. A "tipicidade fechada", além de ser uma expressão incorreta, já que não existem "tipos fechados", deve ser compreendida como a defesa de previsão normativa linguisticamente precisa pela lei, de tal forma que tenha aptidão para permitir um processo interpretativo da lei ao modo positivista clássico de mera subsunção lógica mecanicista, o qual, ao fim e ao cabo, deve ser rejeitado diante de problemas metodológicos e práticos incontornáveis.

A tipicidade é adequadamente compreendida como um aspecto da reserva absoluta de lei que vige no Direito Tributário e que diferencia a legalidade tributária da legalidade administrativa e da legalidade em geral, qualificando-a com a exigência de que os aspectos essenciais da imposição, componentes do *Tatbestand,* devam ser definidos pela lei. e não por outros atos normativos. O grau exigido dessa definição dos aspectos essenciais dos impostos é dado pelo princípio da determinação, que quantifica a tipicidade tributária, sem que com ela se confunda.

O grau de determinação exigido é difícil de ser delimitado, não podendo ser estabelecido *a priori* através de um método preciso, mas não se confunde com uma determinação absolutamente precisa, nem exige que a lei adentre em pormenores, pelo contrário, parece que a lei desempenha melhor o seu papel com uma certa "abertura" normativa que aconselha o uso de conceitos jurídicos indeterminados pelas normas de imposição tributária.

O uso dos conceitos indeterminados nas normas impositivas é delimitado pelo princípio da determinação, cujos contornos dependem da compreensão de segurança jurídica adotada, que é construída ao influxo do que se entende ser o Direito e das ideologias do intérprete. Nesse sentido, trazemos algumas recomendações que se ligam a diferentes aspectos: (a) metodológico: o modo lógico-subsuntivo de aplicação que autorizaria a definição precisa pela lei está superado, pois superado o positivismo mecanicista que o sustenta; (b) axiológico: o sistema tributário deve ser visto como uma relação horizontal entre todos em uma sociedade de risco, em que o aspecto individual garantístico deve ser compatibilizado com os valores da igualdade e da justiça social; (c) pragmático: a fiscalidade contemporânea, massiva e de alta complexidade e fluidez, deve atentar à praticabilidade, além disso, os pormenores legislativos levam à hipertrofia e complexidade que ofendem a própria segurança jurídica e deixam lacunas livres de tributação, possibilitando a evasão fiscal, trazendo mais prejuízos do que ganhos. Nesse contexto, a determinação suficiente é atendida quando o Direito puder servir como guia, permitir sua compreensão e viabilizar o controle, o que só pode ser aferido no caso concreto. Logo, são admissíveis os conceitos indeterminados nas normas impositivas, desde que consideradas tais diretrizes.

Estabelecida a possibilidade de uso dos conceitos indeterminados, temos que os mesmos podem ser vistos como um fenômeno que se contextualiza na linguagem e que não existe uma tal dicotomia entre "conceitos indeterminados" e "conceitos determinados", pois não há diferença de natureza, conquanto possa-se permitir que se fale em uma diferença de grau de indeterminação.

Existem diversas teorias acerca dos conceitos indeterminados, que os concebem com diferentes matizes e lhes atribuem diferentes consequências. Foi identificado vasto e profícuo desenvolvimento teórico sobre o tema, principalmente por juristas alemães, desde o debate inicial *Terzner vs Bernartzik*, passando pela margem de apreciação de *Bachof* e pelo halo do conceito de *Jesch*, assim como por juristas portugueses como *António Francisco de Sousa*, espanhóis como *García de Enterría* e brasileiros como *Eros Grau*. A revisão teórica bem amadurecida permitiu concluir que os mesmos não conferem discricionariedade ou margem de livre apreciação, pois é sempre e apenas interpretação a conduzir a uma única resposta justa para o caso concreto.

Ademais, a aplicação/interpretação dos conceitos indeterminados tanto pela Administração quanto pelo juiz possui a mesma natureza, sendo perfeitamente possível o seu controle jurisdicional em toda a sua plenitude. Os óbices comumente opostos ao controle judicial, tais como a separação de Poderes, dificuldade de controle e maior preparação técnica administrativa, substituição do subjetivismo do administrador pelo subjetivismo do juiz, etc., foram todos examinados e rechaçados.

Ao final, afastaram-se teorias discursivas e argumentativas, entendendo-se que o Direito confere critérios para decisões únicas e justas ao caso concreto, com o que os conceitos jurídicos indeterminados são vistos como instrumento necessário ao Direito Tributário e que levam a uma intepretação justa ao caso, sempre submetida ao controle judicial.

Destaca-se a tomada de posição sobre o problema da dicotomia "conceito *vs* tipo", bem como a forma com que a tipicidade foi trabalhada no âmbito da reserva legal, autonomizando o princípio da determinação e traçando seu perfil, ambos assuntos que se situam num contexto doutrinário de muita confusão, pelo que a tese contribui com uma perspectiva de contornos claros e precisos.

Assim, a pesquisa permitiu melhor esclarecer o problema da legalidade e dos conceitos jurídicos indeterminados na seara tributária, tendo construído uma forma de raciocínio coesa, a partir de premissas claras concatenadas, desde as camadas mais básicas, permitindo a compreensão do fenômeno jurídico tributário em sua questão mais fundamental. Tais questões fundamentais são especialmente importantes porque são bases para tudo o quanto se pretenda discutir, sendo verdadeiros pressupostos e ferramentas de atuação, conferindo os próprios contornos do que se entende por Direito Tributário.

Considerando que o ordenamento jurídico é um instrumento orientado a finalidades, mas que funciona linguisticamente e através de conceitos, a construção teórica da presente pesquisa acresce na medida em que contribui ao implemento dessas finalidades. Nessa medida, serve para que se compreenda que as normas impositivas tributárias podem se valer de conceitos indeterminados, indicando os motivos e as razões que os recomendam, que inclusive são validados pela jurisprudência comparada que foi analisada, mas também ajuda porque estabelece diretrizes para o grau de indeterminação que é permitido. Ao mesmo passo, estabelece que o uso dessa técnica não permite ao fisco eleger a seu critério qual o âmbito da incidência tributária e que qualquer atuação administrativa nesse sentido pode ser controlada pelo Judiciário.

Mas o Direito também não se satisfaz apenas com resultados práticos, pois nele os fins não justificam os meios, o valor justiça que participa do fenômeno jurídico exige embasamento teórico hígido, conferido pela tese para a perspectiva recomendada.

Ademais, vários pontos possibilitam pesquisas futuras, como o papel dos regulamentos na perspectiva adotada, as exigências de praticabilidade e simplificação da legislação tributária e seus limites, melhor estudo de direito comparado, a litigiosidade com o uso de conceitos indeterminados, o papel dos precedentes judiciais em relação aos conceitos indeterminados, a função de pauta prévia para conduta também permite ser melhor desenvolvida em ulteriores estudos, dentre outros assuntos.

Referências

ABRAHAM, Marcus. *Curso de direito tributário brasileiro*, Rio de Janeiro: Forense, 2018.

ALMEIDA, Daniel Freire e; GOMES, Fabio Luiz; CATARINO, João Ricardo (orgs). *Garantias dos Contribuintes no Sistema Tributário*: Homenagem a Diogo Leite de Campos. São Paulo: Saraiva, 2013. *E-book*.

AMARO, Luciano. *Direito tributário brasileiro*. São Paulo: Saraiva, 2010.

ASCENSÃO, José de Oliveira. *A tipicidade nos Direitos Reais*, Lisboa, 1968.

ATIENZA, Manuel. Tras la justicia, Una introducción al Derecho y al razonamiento jurídico, Barcelona, 1993.

ÁVILA, Humberto. *Sistema Constitucional Tributário*. São Paulo: Saraiva, 2004.

——. *Competências tributárias*: um ensaio sobre a sua compatibilidade com as noções de tipo e conceito. São Paulo: Malheiros, 2018.

——. *Teoria da indeterminação no direito*: entre a indeterminação aparente e a determinação latente. São Paulo: Malheiros/Juspodivm, 2022.

BACHOF, Wolf. *Verfassungsrecht, Verwaltungsrecht, Verfahrensrecht in der Rechtsprechung des Bundesverwaltungsgerichts*. Tunbungen, Mohr (Siebeck) 1966-7.

BARACHO, José Alfredo de Oliveira. "Teoria geral dos conceitos legais indeterminados". In: *Revista da Academia Brasileira de Letras Jurídicas*, nº 16, 1999, p. 89/105, disponível em https://core.ac.uk/download/pdf/16013691.pdf, acesso em 10/04/2023.

BARROS, José D´Assunção. *Sobre a noção de paradigma e seu uso nas ciências sociais*. In: Cad. De Pesq. Interdisciplinar em Ciências Humanas/UFSC, Florianópolis, v. 11, nº 98, p. 426-444, jan/jun, 2010.

BECKER, Alfredo Augusto. *Teoria geral do direito tributário*. 2ª ed, São Paulo: Saraiva, 1972.

BERNATZIK, Edmund. *Rechtsprechung und Materielle Rachtskraft*: Verwaltungsrechtliche Studien. Wien: Manz, 1886.

BIRK, Dieter. § 5 AO, Hübschmann, Hepp, Spitaler, AO/FGO *Kommentar*, II, Köln, 2000.

BULLINGER, Martin. *Verwaltungsermessen im modernen Staat*. In: o mesmo (ed.). *Verwaltungsermessen im modernen Staat*. Baden-Baden: Nomos, 1986, p. 131-157; versão port.: A discricionariedade da Administração Pública. Trad. António Francisco de Sousa. Revista de Ciência Política, abr./jun. 1987, p. 3/23.

CAMPOS, Diogo Leite. "A total impossibilidade de prever o futuro e os impostos". In: *Revista de Finanças Públicas e Direito Fiscal*, ano III, nº 3, Almedina, outubro, 2010.

CAMPOS, Francisco. *Direito Administrativo*. v. 1. Rio de Janeiro: Freitas Bastos, 1958.

CARDOSO, José Antônio Martins Lucas. "Do problema dos conceitos jurídicos indeterminados no direito administrativo: para uma análise dos limites funcionais da jurisdição administrativa". In: *Polis, revista de estudos jurídico-políticos*, nº 2, 1995.

CARRAZZA, Roque Antônio. *Curso de direito constitucional tributário*. São Paulo: Malheiros, 2010.

CARRIÓ, Genaro. *Algunas palabras sobre las palabras de la ley*. Buenos Aires: Abeledo Perrot, 1971.

CARVALHO, Paulo de Barros. *Curso de Direito Tributário*. 21ª ed, São Paulo: Saraiva, 2009.

——. *Curso de Direito Tributário*. 24ª ed. São Paulo: Saraiva, 2012.

CASTELLO, Melissa Guimarães."Conceitos jurídicos indeterminados em matéria tributária e o dever de fundamentação das decisões judiciais". In: *Revista de Direito Tributário Contemporâneo*. v. 21, São Paulo: RT, 2019.

COÊLHO, Sacha Calmon Navarro. *Curso de direito tributário brasileiro*. Rio de Janeiro: Forense, 2010.

COLEMAN, Jules Leslie; LEITER, Brian. "Determinacy, Objectivity, and Authority", *Law and interpretation: Essays in legal philosophy*. Oxford, New York, 1997 (1995).

CORDEIRO, André Felipe de Barros. *Teoria dos conceitos jurídicos "indeterminados" aplicada ao direito administrativo*, Dissertação (Mestrado em Direito) – Pontifícia Universidade Católica de São Paulo, São Paulo, 2011.

CORREIA, José Manuel Sérvulo. *Legalidade e autonomia contratual nos contratos administrativos*. Coimbra: Almedina, 2003 (reimpressão da edição de 1987).

COSTA, Regina Helena. *Curso de Direito Tributário*: Constituição e Código Tributário Nacional. 13ª ed. São Paulo: SaraivaJur, 2022.

COSTA, Valdés. *Instituciones de Derecho Tributário*. Buenos Aires: Depalma, 1996.

DERZI, Misabel de Abreu Machado. *Direito tributário, direito penal e tipo*. 4ª ed. Belo Horizonte: Forum, 2021.

DI PIETRO, Maria Sylvia Zanella. *Discricionariedade administrativa na Constituição* de 1988. 2ª ed. São Paulo: Atlas, 2001.

DOURADO, Ana Paula. *O princípio da legalidade fiscal*: tipicidade, conceitos jurídicos indeterminados e margem de livre apreciação. Coimbra: Almedina, 2019.

DWORKIN, Ronald. *Levando os direitos a sério*. Trad. Nelson Boeira. São Paulo: Martins Fontes, 2007.

——. *O império do Direito*. Trad. Jefferson Luiz Camargo. São Paulo: Martins Fontes, 1999.

——. Hart´s Postscript and the character of Political Philosophy. *Oxford Journal of Legal Studies*. Oxford: Oxford University, v. 24, n. 1, 2004.

EHMKE, Hort. *Ermessen und unbestimmter Rechtsbegrifff im Verwaltungsrecht*, 1960, J.C.B. Mohr (Paul Siebeck), Tübingen.

ENDICOTT, Timothy A. O. *La vaguedad em el Derecho*. Trad. J. Alberto del Real Alcalá e Juan Veja Gómez, Madrid: Dykinson, 2006.

ENGISCH, Karl. *Introdução ao pensamento jurídico*. Lisboa: Fundação Calouste Gulbenkian, 2001.

——. *La Idea de Concreción en el Derecho y en la Ciencia Jurídica Actuales*. Trad. Juan José Gil Cremades. Granada: Comares, 2004.

ENTERRÍA, Eduardo Gracía de; RODRÍGUES, Tomás Ramón Fernández. *Curso de direito administrativo*. vol. 1, 20ª ed., Espanha: Thompson Reuters, 2022.

FALCÃO, Amílcar de Araújo. *Fato gerador da obrigação tributária*. 7ª ed. São Paulo: Noeses, 2013.

FERRAZ, Andréa Karla. "Legalidade tributária, segurança jurídica e conceitos jurídicos indeterminados". In: *Revista da Procuradoria-Geral da Fazenda Nacional*, vol. 3, nº 1, (jan/jun.2013), Brasília: PGFN, 2013.

FOLLONI, André. "Sobre a distinção entre tipos e conceitos". In: *Estudos sobre a jurisprudência: controvérsias em matéria tributária nos tribunais superiores*. Gustavo Lanna Murici ... [*et al.*] org. Belo Horizonte: D´Plácido, 2023 p. 151/168.

FRANK, Jerome. *Derecho e incertidumbre*. Trad. Carlos M. Bidegain. México D. D.: Coyocación, Fontamara, 1991.

GADAMER, Hans-Georg. *Verdade de método I*: traços fundamentais de uma hermenêutica filosófica. Trad. Flávio Paulo Meuer. 12ª ed., Petrópolis: Vozes, 2012.

GARCÍA NOVOA, César. *El principio de Seruridad Jurídica em Materia Tributaria*. Madrid: Marcial Pons, 2000.

GOMES, Nuno Sá. *Estados sobre a segurança jurídica na tributação e as garantias dos contribuintes*. Lisboa: Centro de Estudos Fiscais, 1993.

GODOI, Marciano Seabra de. *Questões atuais do Direito Tributário na jurisprudência do STF*. São Paulo: Dialética, 2006.

GRAU, Eros Roberto. *O direito posto e o direito pressuposto*. 7ª ed., São Paulo: Malheiros, 2008.

GRECO, Marco Aurélio. *Planejamento Fiscal e a Interpretação da Lei Tributária*. São Paulo: Dialética, 1998.

GUERRA, Sérgio. *Discricionariedade e reflexividade*: uma nova teoria sobre as escolhas administrativas. Belo Hoirozonte: Fórum, 2008.

HART, Herbert Lionel Adolphus. *O conceito de direito* (trad. A. Ribeiro Mendes). 3ª ed. Lisboa: Fundação Calouste Gulbenkian, 1994.

HEBECHE, Luiz. *Sobre Heidegger*: curso sobre contribuições à filosofia. Guarapuava: Apolodoro Virtual Edições, 2021, *ebook*.

HECK, Philippp. Gesetzauslegung, Begriffsbildung und Interessen jurisprudenz, *AcP*. Vol. 112 (1914).

HEIDEGGER, Martin. *Ser e tempo*. Petrópolis: Vozes, 2006.

HENSEL, Albert. *Steurrecht*. Berlim, 1924.

IHERING, Rudolf von. *O espírito do direito romano*. Rio de Janeiro: Alba, 1943.

——. *A evolução do direito*. Salvador: Livraria Progresso. 1953.

JESCH, Dietrich. *Gesetz und Verwaltung*: eine Problemstudie zum Wandel des Gesetzmassigkeitsprinzipes. Tubingen: Mohr, 1961.

JORGE, Cláudia Chaves Martins. *Realismo jurídico e a indeterminação do Direito*: as decisões judiciais segundo Holmes Jr., Hart e Dworkin. São Paulo: Editora Dialética, 2022.

KELSEN, Hans. *Teoria Geral do direito e do Estado*. Trad. Luís Carlos Borges. 4ª ed. São Paulo: Martins Fontes, 2005.

——. *Teoria Pura do Direito*. 7ª ed. São Paulo: Martins Fontes, 2006.

KLEIN, Rüdiger. Die Kongruenz des Verwaltungsrechttlichen Esmessensbereichs und des Bereichs rechtlicher Mehrdeutigkeit, *AöR* 1957 (82).

KRELL, Andreas J. Discricionariedade administrativa e conceitos legais indeterminados: limites do controle judicial no âmbito dos interesses difusos. Porto Alegre: Livraria do Advogado, 2013.

KRUSE, Heinrich Wilhelm. *Derecho Tributário* – Parte General. Trad. P. Yebra. Madrid: Civitas 1978.

——. *Lehbuch des Steuerrechts*, I, 1991.

KUHN, Thomas. *A estrutura das revoluções científicas*. São Paulo: Perspectiva, 2011.

LARENZ, Karl. *Metodologia da Ciência do Direito*. Tradução de José Lamego. Lisboa: Fundação Calouste Gulbenkian, 1997.

LAVES, Raphael Assef. "Tipicidade fechada, determinação e cognoscibilidade: a leglaidade entre conceitos indeterminados e cláusulas gerais". In: *Revista de Direito Tributário* Atual, nº 43, ano 37, p. 356-385. São Paulo: IBDT, 2º semestre 2019.

MEDEIROS, Rui; MIRANDA Jorge. *Constituição portuguesa anotada*. 2ª ed., v. II, Lisboa: Universidade Católica Editora, 2018.

MELLO, Celso Antônio Bandeira de. *Curso de direito administrativo*. 26ª ed. São Paulo: Malheiros, 2009.

——. *Discricionariedade e controle jurisdicional*. 2ª ed. São Paulo: Malheiros, 1993.

MEYER-PFLUG, Samantha. "Do princípio da legalidade e da tipicidade". In *Curso de Direito Tributário*.13ª ed. Ives Gandra da Silva Martins coord. São Paulo: Saraiva, 2011.

MONTESQUIEU, Charles de Secondat, Baron de. *O espírito das leis: as formas de governo, a federação, a divisão dos poderes* – introdução, tradução e notas de Pedro Vieira Mota. 9ª ed., São Paulo: Saraiva, 2008.

NABAIS, José Casalta. O dever fundamental de pagar impostos: contributo para a compreensão constitucional do estado fiscal contemporâneo. (Teses de doutoramento). Coimbra: Almedina, 2015.

NEVES, Antônio Castanheira. *O actual problema metodológico da intepretação jurídica*. Coimbra: Almedina, 2003, p. 287.

——. *Questão-de-facto, questão-de-direito, ou o problema metodológico da juridicidade*. v. 1, Coimbra: Almedina, 1967.

NOHARA, Irene Patrícia. *O motivo no ato administrativo.* 2002. Dissertação (Mestrado) – Faculdade de Direito, Universidade de São Paulo, São Paulo, 2002.

OLIVEIRA, José Marcos Domingues de. "Legalidade tributária: o princípio da proporcionalidade e a tipicidade aberta. In: *RDT* nº 70.

OLIVEIRA, Manfredo Araújo. *Reviravolta linguístico-pragmática na filosofia contemporânea.* 2ª ed. São Paulo: Loyola, 2001.

PAIVA, Raií Sampaio de. *Entre o mestre, a quimera e o iceberg*: da relação necessária entre métodos de interpretação e a aplicação de conceitos jurídicos indeterminados. Rio de Janeiro: Lumen Juris, 2022.

PALMA, Maria Fernanda. *Direito Penal*: parte geral. Lisboa: AAFDL, 1994.

PAPIER, Juan Jorge. *Manual de derecho costitucional – Ley fundamental y orden económico.* Madrid: Marcial Pons Ediciones Jurídicas y Sociales, 1996.

PAULICK, Heinz. *Lehbruch des allgemeinen Steuerrechts*, Köln, Berlin, Bonn, München, 1977.

PAULSEN, Leandro. *Curso de direito tributário completo.* 11ª ed. São Paulo: Saraiva, 2020.

——. *Direito Tributário:* Constituição e Código Tributário à luz da doutrina e da jurisprudência. 12ª ed. Porto Alegre: Livraria do Advogado, 2010,

——. *Segurança jurídica, certeza do Direito e tributação.* A concretização da certeza quanto à instituição de tributos através das garantias da legalidade, da irretroatividade e da anterioridade. Porto Alegre: Livraria do Advogado, 2006.

——; VELLOSO, Andrei Pitten. *Contribuições no sistema tributário brasileiro.* 4ª ed. São Paulo: Saraiva, 2019.

PEDRON, Flávio Quinaud; OMMATI, José Emílio Medauar. *Teoria do direito contemporânea*: análise das teorias jurídicas de Robert Alexy, Ronald Dworkin, Jürgen Habermas, Klaus Günther e Robert Brandom. 2ª ed. Belo Horizonte: Conhecimento Editora, 2020.

PÉREZ ROYO, Fernando. *Derecho financeiro y Tributário* – Parte General. 10ª ed., Madrid, 2000.

QUEIRÓ, Afonso Rodrigues. *O poder discricionário da Administração.* Coimbra, 1944.

REIS, Elcio Fonseca. "O Estado Democrático de direito: tipicidade tributária, conceitos indeterminados e segurança jurídica". In: *Revista Tributária e de Finanças Públicas*, v. 34, 2000, p. 157/168.

REIS JÚNIOR, Ari Timóteo dos. *Conceitos jurídicos indeterminados, jurisdição e direitos fundamentais.* In: VEIGA, Fábio da Silva; LOPES, Dulce; XAVIER, João Proença (coords.). *Estudos de Direito Luso-brasileiro, Porto/Coimbra*: Instituto Iberoamericano de Estudos Jurídicos e Associação de Estudos Europeus de Coimbra, 2023.

——. "Hermenêutica e aplicação do Direito: Breves apontamentos sobre a interpretação jurídica no paradigma contemporâneo". *Revista Jus Navigandi*, ISSN 1518-4862, Teresina, ano 16, n. 2794, 24 fev. 2011. Disponível em: https://jus.com/artigos/18553. Acesso em: 22 fev. 2023.

——. "O que é isto? Vontade do legislador (*voluntas legislatoris*) e vontade da lei (*voluntas legis*): sobre o modo como se interpretam as leis". *Jus Navigandi*, 17/04/2023, disponível em: https://jus.com.br/artigos/103607/o-que-e-isto-vontade-do-legislador-voluntas-legislatoris-e-vontade-da-lei-voluntas-legis-sobre-o-modo-como-se-interpretam-as-leis.

RIBEIRO, Glória Maria F. O ser dos entes que vêmao encontro no mundo circundante: uma análise do parágrafo 15 de Ser e Tempo de Martin Heidegger. *Revista Eletrônica do Grupo PET* – Ciências Humanas, Estética e Artes da Universidade Federal de São João Del-Rei – Ano IV – Número IV – janeiro a dezembro de 2008. Disponível em: https://ufsj.edu.br/portal2-repositorio/File/existenciaearte/Edicoes/4_Edicao/jupyra_artigo_corrigido_.pdf, acesso em 01/02/2023.

RIBEIRO, Ricardo Lodi. A segurança jurídica do contribuinte: legalidade, não surpresa e proteção à confiança legítima. 2ª ed., Rio de Janeiro: Lumen Juris, 2023.

——. "Legalidade Tributária, Tipicidade Aberta, Conceitos Indeterminados e Cláusulas Gerais Tributárias". *Revista de Direito Administrativo*, v. 229, p. 313-333, 2002.

——; ROCHA, Sergio André (coord.). *Legalidade e tipicidade no Direito Tributário*, São Paulo: Quartier Latin, 2008.

ROCHA, Eduardo Morais da. *Teoria institucional da praticabilidade tributária.* São Paulo: Noeses, 2016.

ROCHA, Sergio André. "A origem do princípio da tipicidade no direito tributário brasileiro". In: *Revista Direito Tributário Atual*, nº 50, ano 40, p. 339-339, são Paulo: IBDT, 1ª quadrimestre, 2022.

ROMAN, Flavio José. "Discricionariedade técnica". In: *Enciclopédia jurídica da PUC/SP*, tomo II (recurso eletrônico): direito administrativo e constitucional/ coord. Vidal Serrano Nunes Jr. [*et al.*] – São Paulo: Pontifícia Universidade Católica de São Paulo, 2017, p. 4 e ss., disponível em: https://enciclopediajuridica.pucsp.br/pdfs/discricionariedade-tecnica_592723c9c9eab.pdf, acesso em: 10/01/2022.

ROZAS, Luiza Barros. Conceitos jurídicos indeterminados e discricionariedae administrativa. *Cadernos Juridicos*, São Paulo, ano 20, nº 47, p. 191/201, jan/fev/2019.

SANCHES, José Luis Saldanha. "A Segurança Jurídica no Estado Social de Direito. Conceitos Indeterminados, Analogia e Retroactividade no Direito Tributário". In: *Ciência e Técnica Fiscal*, n.ºs 310-312, Outubro-Dezembro de 1984.

SAVIGNY, Friedrich. Carl von. *Sistema del drecho romano actual*. Trad. Jacinto Mesia e Manuel Poley. 2ª ed. Madrid: Centro Editorial de Gôngora, 1933, t. I.

SCHOUERI, Luís Eduardo. *Direito Tributário*. 5ª ed. São Paulo: Saraiva, 2015.

——. *Direito Tributário*. 12. ed. São Paulo: Saraiva, 2023. *E-book*.

SICCA, Gerson dos Santos. *O controle jurisdicional da Administração Pública e os conceitos indeterminados*. Tese (Mestrado) – Faculdade de Direito da UFSC, Florianópolis, 2000.

SIMONI, Rafael Lazzarotto. *Curso de hermenêutica jurídica contemporânea*. Curitiba: Juruá, 2014.

SOARES, Rogério Ehrhardt. *Direito Administrativo:* liçoes ao curso complementar de Ciências Jurídico-Políticas na Faculdade de Direito de Coimbra (polic.). Coimbra: [s.n.], 1977/1978.

——. Princípio da legalidade e Administração constitutiva. *Bol. Da Faculdade de Direito de Coimbra,* vol. LVII, 1981, p. 188, 191.

SOUSA, António Francisco de. *A discricionariedade adminsitrativa: origem e evolução histórica do Sistema Continental europeu*. Estado atual dos reconhecimentos científicos. Consdierações para o estreitamento e a clarificação do conceito de discricionariedade adminsitrativa. Lisboa: Danubio, 1987.

——. *Conceitos indeterminados no Direito Administrativo*. Coimbra: Almedina, 1994.

——. *Direito Administrativo*. Lisboa: Prefácio, 2009.

——. *Discricionariedade administrativa e Estado de direito efetivo*. Porto: Vida Econômica, 2020.

——. "Discricionariedade juridificada de Estado de direito". In: *Revista de Direito Público* do IDP, vol. 17, n.º 96 (nov.-dez. 2020), p. 332-357, Brasília, Brasil, disponível em:www.portaldeperiodicos.idp.edu.br/direitopublico/article/view/3760, acesso em: 02/09/2022.

——. "Controle da Administração pelos tribunais: julgar é ainda administrar". In: *Jornal do Estado de Direito*. São Paulo-Brasil, 23ª ed., janeiro, 2011.

——. "Margem de apreciação e Estado de Direito". In: *Polis Revista de Estudos Jurídico-Políticos*, nº 2, jan/mar, 1995, p. 7-28.

——. "Discricionariedade, margem de livre apreciação, justiça administrativa, discricionariedade imprópria, discricionariedade técnica: Comentário ao acórdão do TCAN, processo 01049/13.9BEBRG, 1ª Seção – Contencioso Administrativo, de 15-02-2019 – concurso para professor catedrático". In: *Revista do Ministério Público* nº 160, out./dez. 2019, p. 213-239.

——. "Os conceitos legais indeterminados no direito administrativo alemão". *Revista de direito administrativo*, v. 166. Rio de Janeiro, out./dez., 1986, p. 276-291.

——. Conceitos legais indeterminados no Direito Administrativo alemão. In: *Revista de Direito Administrativo*. Rio de Janeiro, Out/Dez, 1986.

——. A discricionariedade administrativa no Estado de Direito (o seu enquadramento jurídico). In: *Revista Ibérica do Direito*, v. 1, ano 1. Porto: Universidade do Porto, 2020, p. 25-45.

SOUZA SANTOS, Boaventura de. *Um discurso sobre as ciências*. 12ª ed. Porto: Afrontamento, 2001.

STRECK, Lenio Luiz. *Dicionário de hermenêutica*. 2ª ed. Belo Horizonte: Casa do Direito, 2020.

——. *Verdade e consenso*: constituição, hermenêutica e teorias discursivas. 5ª ed. São Paulo: Saraiva, 2014.

STRUCHINER, Noel. *Direito e Linguagem: uma análise da textura aberta da linguagem e sua aplicação ao direito*. Rio de Janeiro: Renovar, 2002.

TEZNER, Friedrich. *Das Freie Ermessen der Verwaltungsbehorden kritisch-systematisch erortert auf Grund der osterreichisschen verwaltungsgerichtlichen Rechtsprechung*. Wien: F. Deuticke, 1924.

——. *Zur lehre von dem freien Ermessen der Verwaltungsbehorden als Grud der Unzustandigkeit der Verwaltungsgerichte*.[S.l.]: [s.n.], 1888.

TIPKE, Klaus; LANG, Joachim. *Direito Tributário*. vol. 1, 18ª ed. Porto Alegre: Sergio Antonio Fabris, 2008.

TÔRRES, Heleno Taveira. *Direito tributário e direito privado*: autonomia privada, simulação, elusão tributária. São Paulo: RT, 2003.

TORRES, Ricardo Lobo. *Curso de Direito Financeiro e Tributário*. 10ª ed. Rio de Janeiro: Renovar, 2002.

——. "A legalidade tributária e os seus subprincípios constitucionais". In: *Revista de Direito da Procuradoria-Geral do Estado do Rio de Janeiro*. Rio de Janeiro, nº 58, 2004, p. 193-219.

——. *Tratado de Direito Constitucional, Financeiro e Tributário*. 2ª ed., v. II, Rio de Janeiro: Renovar, 2014.

TORRES, Silvia Faber. *A flexibilização do princípio da legalidade no direito do Estado*. Rio de Janeiro: Renovar.

ULE, C. H. Zur Anwendung unbestimmter Rechtsbegriffe im Verwaltungsrecht. In: *Gedächtnisschrift für* W. JELLINEK 1955, 309 e ss.

VASCONCELLOS, Roberto Prado de. "Conceitos jurídicos indeterminados e a incerteza no controle judicial tributário. In: *Revista Tributária e de Finanças Públicas*, v. 69, São Paulo: RT, 2006, p. 203/242.

VILLAR EZCURRA, Marta. *Las Disposiciones Aclaratorias en La Práctica Jurídica* – Análisis crítico de su aplicación en el Derecho Público Español y Comunitario. Barcelona: Cedecs, 1996.

WITTGENSTEIN, Ludwig. *Investigações filosóficas*. Trad. José Carlos Bruni. São Paulo: Nova Cultural, 1999.

——. *Tratado lógico-filosófico*. Trad. José Arthur Giannotti. São Paulo: Editora da Universidade de São Paulo, 1968.

WOLFF, Hans Julius; BACHOF, Otto; STOBER, Rolf. *Verwaltungsrecht Band 1*: ein Studienbuch. Munchen: Bech, 1955.

XAVIER, Alberto. *Conceito e natureza do acto tributário*. Coimbra: 1972.

——. *Os princípios da legalidade e da tipicidade da tributação*. São Paulo: Revista dos Tribunais, 1978.